一册在手，了如指掌！

围棋点三三定式与攻防

（日）藤森稔树　著

刘林　译

辽宁科学技术出版社

沈阳

1ssatsudewakaru! Igo • Sansanshuhen no Tejun to Kobo

Copyright ©2021Toshiki Fujimori

All rights reserved.

First original Japanese edition published in 2021 by Mynavi Publishing Corporation., Japan

Chinese (in simplified character only) translation rights arranged with Mynavi Publishing Corporation., Japan.

through CREEK & RIVER Co., Ltd. and CREEK & RIVER SHANGHAI Co., Ltd.

© 2023,辽宁科学技术出版社

著作权合同登记号：第06-2022-73号。

图书在版编目（CIP）数据

围棋点三三定式与攻防 / （日）藤森稔树著；刘林
译. —沈阳：辽宁科学技术出版社，2023.4
ISBN 978-7-5591-2927-7

Ⅰ.①围… Ⅱ.①藤… ②刘… Ⅲ.①定式（围棋）—
基本知识 Ⅳ.①G891.3

中国国家版本馆CIP数据核字（2023）第034540号

出版发行：辽宁科学技术出版社
　　　　　（地址：沈阳市和平区十一纬路25号　邮编：110003）
印 刷 者：辽宁新华印务有限公司
经 销 者：各地新华书店
幅面尺寸：170mm×240mm
印　　张：14
字　　数：300千字
印　　数：1~4000
出版时间：2023年4月第1版
印刷时间：2023年4月第1次印刷
责任编辑：于天文
封面设计：潘国文
责任校对：闻　洋

书　　号：ISBN 978-7-5591-2927-7
定　　价：58.00元

联系电话：024-23284740
邮购热线：024-23284502
E-mail:mozi4888@126.com
http://www.lnkj.com.cn

前　言

大家好，我是横滨围棋沙龙的藤森。

首先，对阅读本书的读者表示衷心的感谢。

棋会所里有很多因为害怕"三三"而夜不能寐的爱好者——我相信你也一定惨遭过"三三"的毒手。

根本不可能活的"三三"被漂漂亮亮地净活，根本不可能死的"三三"被痛痛快快地吃掉，有着这种悔恨交加体验的爱好者不在少数。不过，聊以自慰的是，我们大家都是从这条路上走过来的。

在这本书里，基于"征服了三三就征服了胜负"的理念，我将"三三"的基本形都通过问题图的形式呈现给大家。

本书出题的原则是尽量选择那些可以应用在实战中的棋形，所以正解也未必就是书中所说的那一个。我相信，一定有不少读者并不局限于正解图和失败图，而是希望进一步详细、深入地进行探索。

如果这样还是不能完全理解的话，那就请在视频下面留言，我会逐一进行解答。就好像在您身边一样，我会随时为您提供帮助——如果读者能够活用本书和视频，那我将不胜荣幸。

2021年9月

目　录

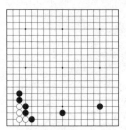
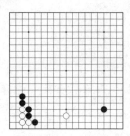
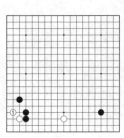
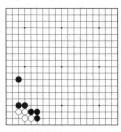
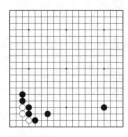
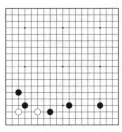
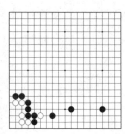
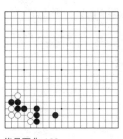
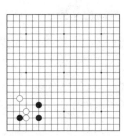
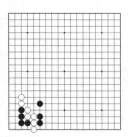

第二章　大飞 / 35

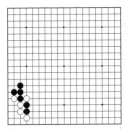

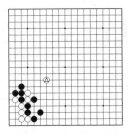

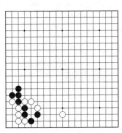

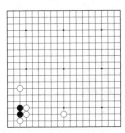

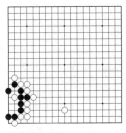

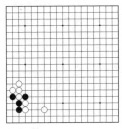

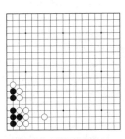

第三章　直接点三三 / 51

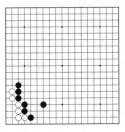

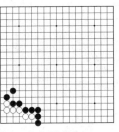

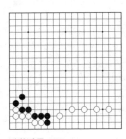

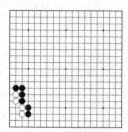

新三三定式后的狙击 / 59

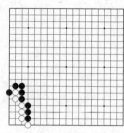

难解的抵抗 / 61

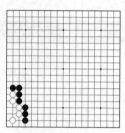

其他的抵抗 / 63

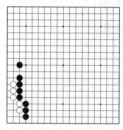

三三定式后的死活题 / 65

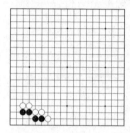

击破无理手 / 67

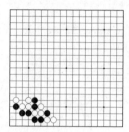

顽强抵抗的对策 / 69

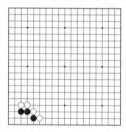

连扳定式 / 71

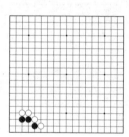

变通的下法 / 73

第四章　其他 / 75

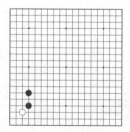

星位单关缔角的三三 / 77

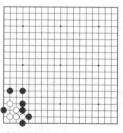

试图吃棋 / 79

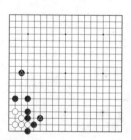

补强之后 / 81

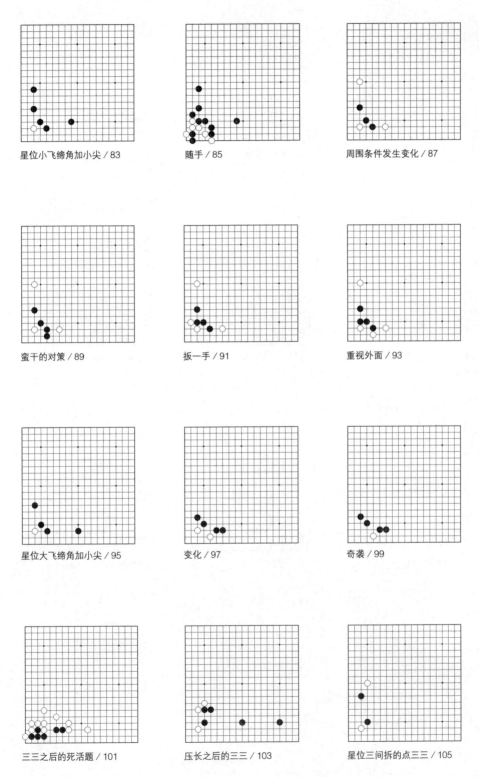

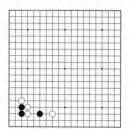

惩罚下错定式 / 107

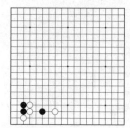

下扳的变化 / 109

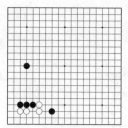

星位一间低夹的三三定式的
变化 / 111

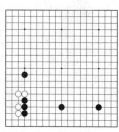

星位二间高夹的三三定式的
变化 / 113

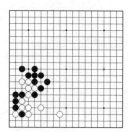

定式后的三三① / 115

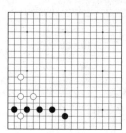

击破无理手① / 117

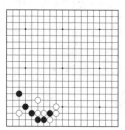

击破无理手② / 119

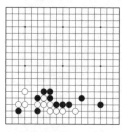

定式后的三三② / 121

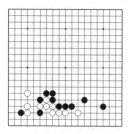

定式后的三三③ / 123

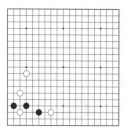

典型的无理手 / 125

第五章　尖顶 / 127

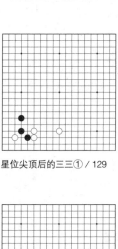
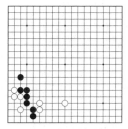
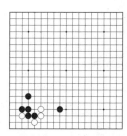
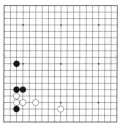
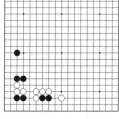
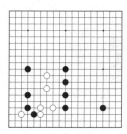
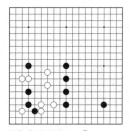
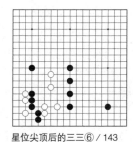
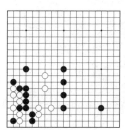
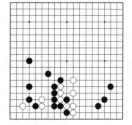
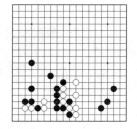
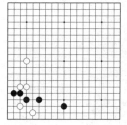

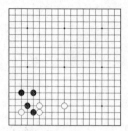

星位尖顶后的三三⑨ / 153

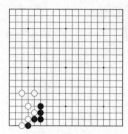

官子阶段的常见手筋 / 155

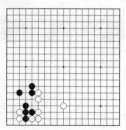

星位尖顶后的三三⑩ / 157

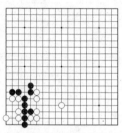

实战中常见的死活题 / 159

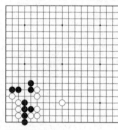

注意形成打劫 / 161

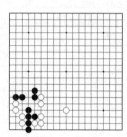

最后的变化 / 163

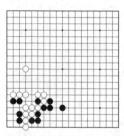

外面缓气的场合 / 165

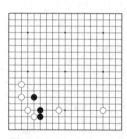

腾挪之形 / 167

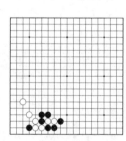

角上是黑地还是白地? / 169

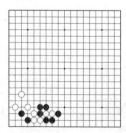

变化 / 171

第六章　小目 / 173

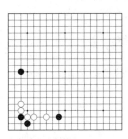

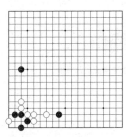

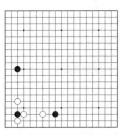

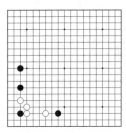

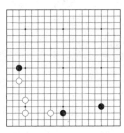

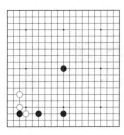

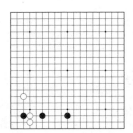

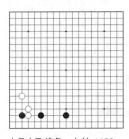

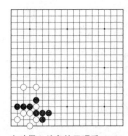

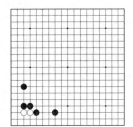

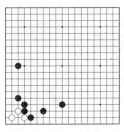

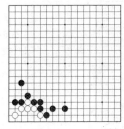

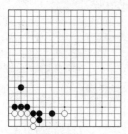

实战中常见的死活题① / 199

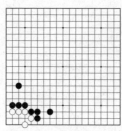

实战中常见的死活题② / 201

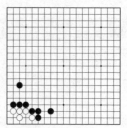

实战中常见的死活题③ / 203

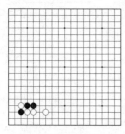

小目一间低夹的托三三定式
/ 205

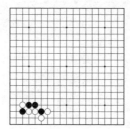

变化 / 207

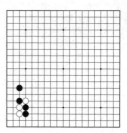

变招定式的变化研究 / 209

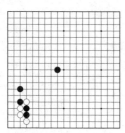

征子有利时 / 211

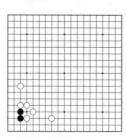

特殊缔角的三三 / 213

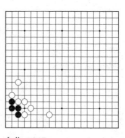

变化 / 215

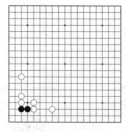

大同小异 / 217

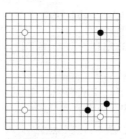

铭琬缔角的三三 / 219

第一章　小飞

星位小飞缔角的三三

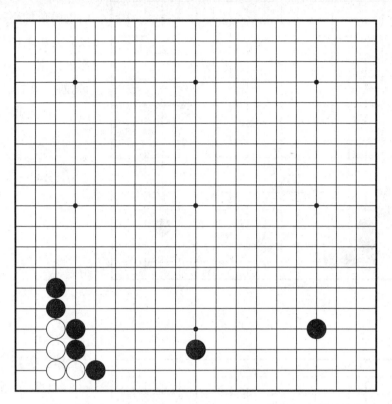

问题图　黑先

　　这是星位小飞缔角白棋点进三三后形成的棋形。

　　黑棋是应该守住自身的弱点呢，还是去夺取角上白棋的眼位呢？

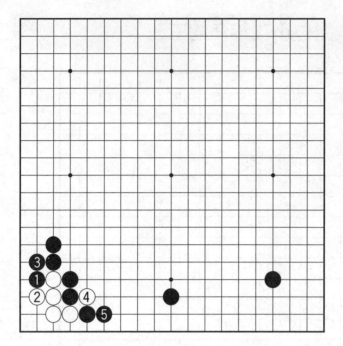

正解

【正解】

黑1扳，夺取角上白棋眼位的手段可以成立。边上的黑棋发挥出作用，即便被白4切断，黑5也可以逃出，黑棋大可一战。

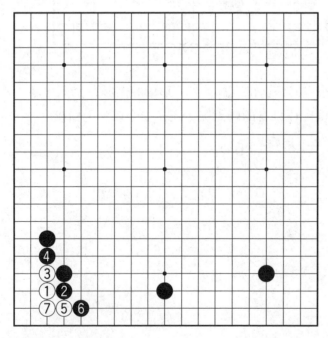

行棋次序

【行棋次序】

白1点三三后形成的问题图。白7是过分的一手。下在左边一路，虎一个形成打劫是正常的变化。

星位小飞缔角的三三、背后是白棋

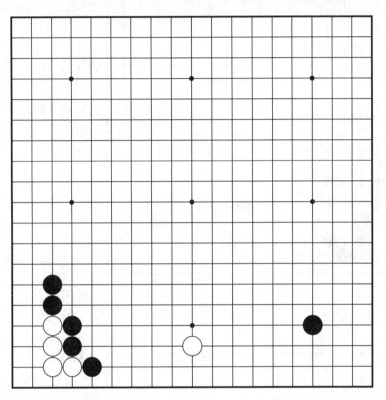

问题图　黑先

和前面问题图的棋形有所不同，请在此基础上思考下一手。需要注意的是与远处白棋一子的关系。

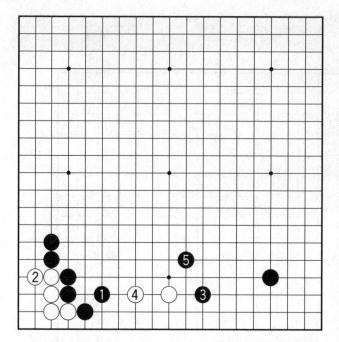

正解

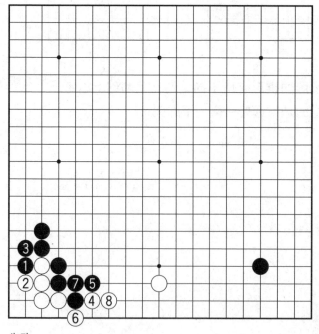

失败

【正解】

　　黑1虎是本手。当边上有白棋的时候，让白棋活在角上是正常的进行。取而代之的是，黑3开始可以对边上的白棋进行攻击。

【失败】

　　黑1去吃角上的白棋则导致失败。

　　白4是手筋，角上的白棋和边上的一子可以联络。

应对变化

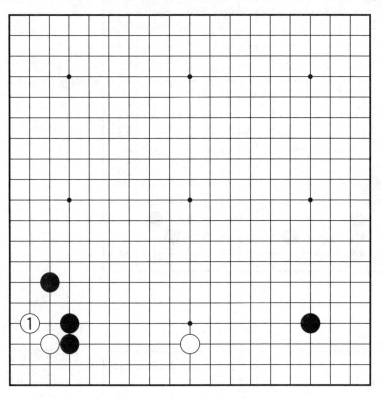

问题图 黑先

白1小尖，意在活棋，此刻黑棋如何应对为佳？

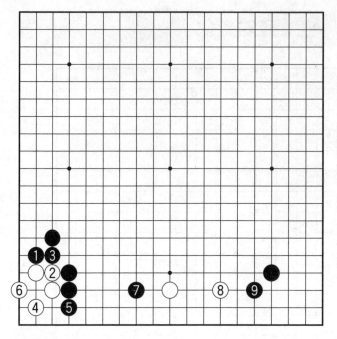

正解

【正解】

黑1是严厉的一手。

虽然吃不掉白棋，但是迫使白棋活得很小且形状委屈，黑棋完全可以满意。

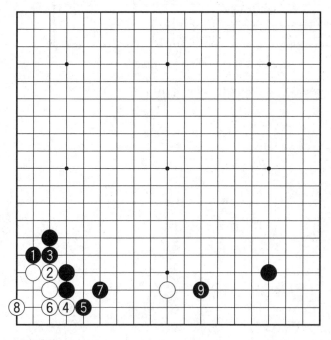

正解变化

【正解变化】

白4、6扳粘图谋活棋的场合，黑7成为先手，黑棋形成了格外强壮的厚壁。于是就可以黑9拆逼，将白棋赶向己方的厚势，黑棋大获成功。

抓住机会给予痛击

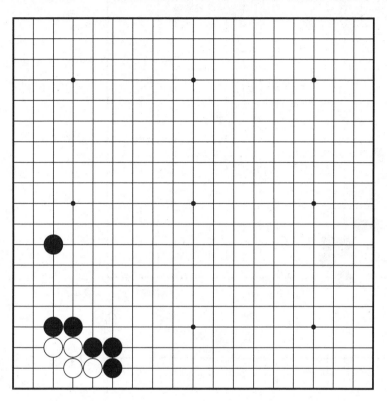

问题图 黑先

白棋进入黑棋的星位小飞缔角，试图无条件活棋。

机会来啦！

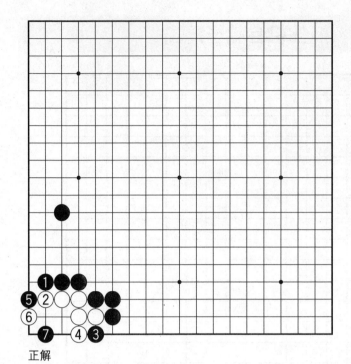

正解

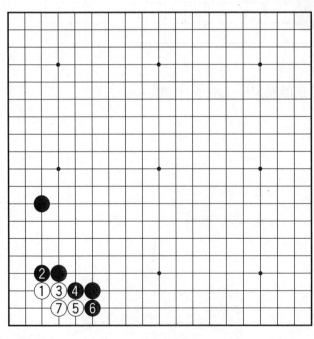

行棋次序

【正解】

黑1立下是冷静的一手。

对于白2，黑棋则始终都是从外面慢慢地缩小白棋的眼位。最后的黑7是急所，致命的一击。

【行棋次序】

问题图就是按照这样的行棋次序形成的。

一旦掌握了行棋次序，在实战中遇到这样的情况时，你就会知道："机会来啦！"

合理的进行

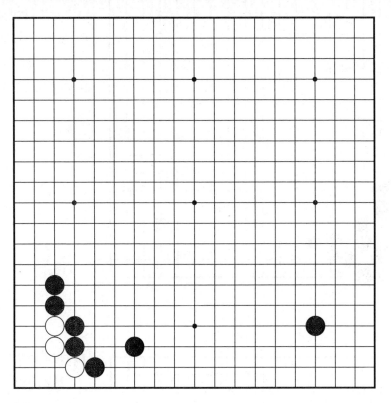

问题图　白先

　　现在，让我们从白棋的立场出发来思考一下，合理的行棋方法应该是怎样的。这个棋形在实战中出现的频率非常高。

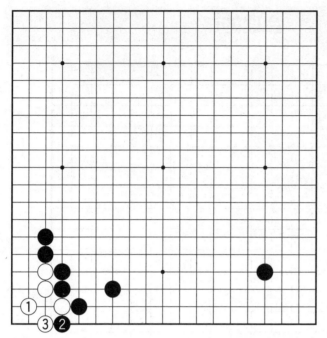

正解

【正解】

白1虎一手是正解。对于黑2的打吃，白3做劫进行顽强的抵抗。这个打劫的变化在实战中经常出现。

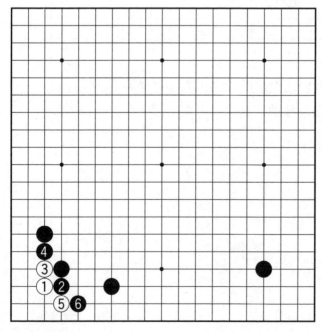

行棋次序

【行棋次序】

如图中的行棋次序所示，即便是附近已经有了很多黑棋，白棋点入三三的手段也能够成立。本图的进行是双方合理的下法，希望大家能够掌握。

星位小飞应后的点三三

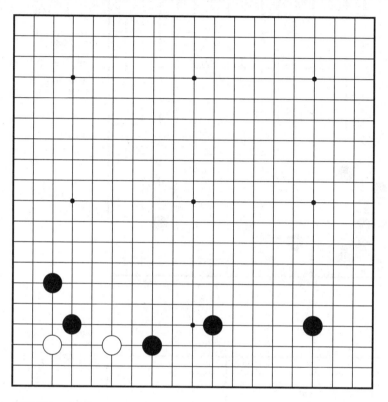

问题图　黑先

　　白棋点入三三后形成的局面。如果能够在脑海中浮现出接下来的几手棋，那就太棒了——第一手特别重要。

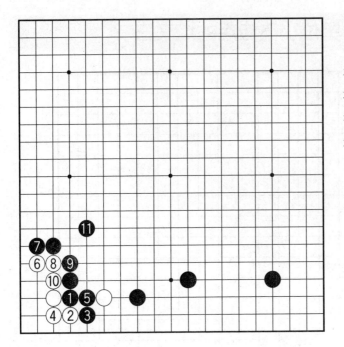

正解

黑1分断白棋是至关重要的一手。以下进行到黑11是定式。希望大家能够多摆几遍掌握这个变化。

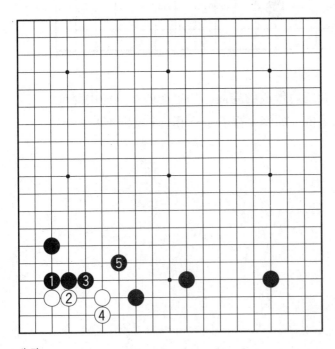

失败

【失败】

黑1是怯弱的一手。白2和挂角的白棋一子取得联络的同时，还在角上得到了不小的实地。

这是黑棋不满的局面。

惩罚脱先

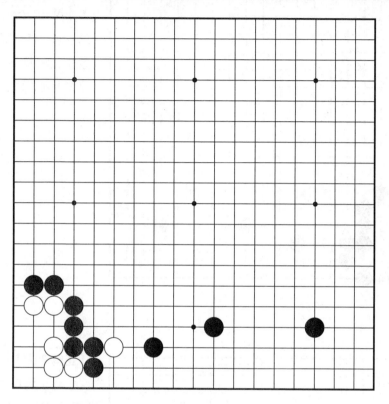

问题图　黑先

　　这是前面的正解图中白棋脱先的局面。能不能把握住这个吃掉角上白棋的天赐良机?

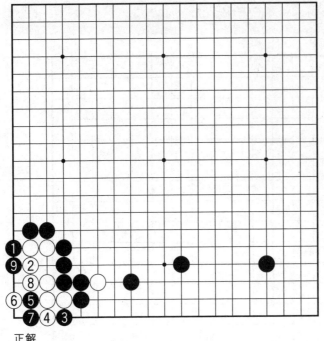

正解

【正解】

　黑1扳是正解。接下来黑3继续缩小白棋的空间，然后黑5占据急所，白棋做不活，黑棋大功告成。

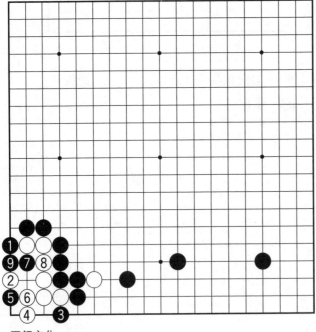

正解变化

【正解变化】

　对于黑1，即便白2寻求变化，黑3也能从容不迫地缩小白棋的空间。结果依然是白棋逃不出被吃的命运。

似是而非

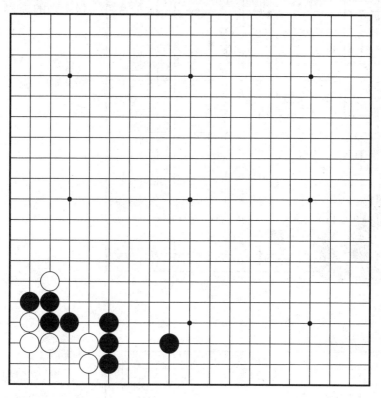

问题图　黑先

　　和前图的形状很相似，不过本图白棋多了一口气。这种场合下角上的死活又是什么情况？这道题比较难。

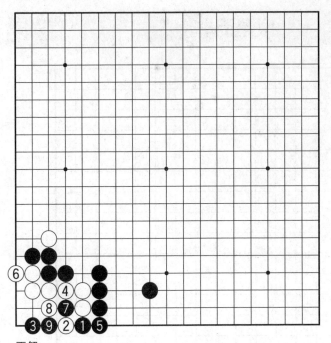

正解

【正解】

急所是黑1的扳。接下来的黑3、5是手筋。白4、6是最强的抵抗，最后形成打劫是正解。

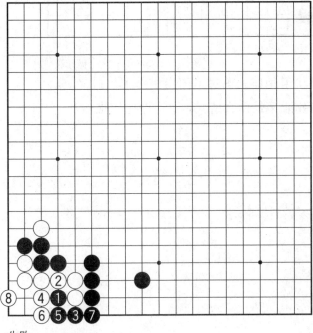

失败

【失败】

黑1是很想下的一手，因为接下来黑3可以渡过取得联络，但是，这样就让白棋得到了眼位，黑棋失败。

自然行棋

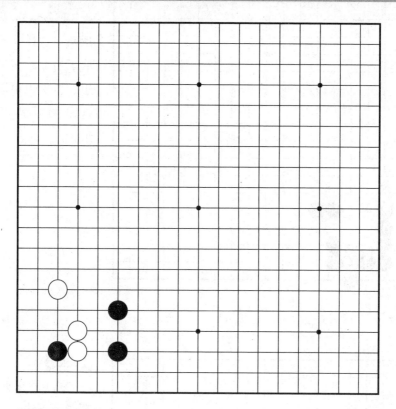

问题图　黑先

看上去好像就是常见的点三三，但是这里需要注意的是，下边的黑棋在挂角之后向中央跳了一手。有了这个一间跳，点三三就成为更加严厉的下法。下一手极为重要。

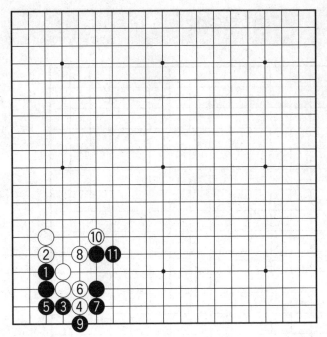

正解

【正解】

　　黑1爬是最强的一手。白2之后，黑3、5扳粘。这样，不仅夺取了角上的实地，下边的棋形也很厚实，这是黑棋满意的结果。

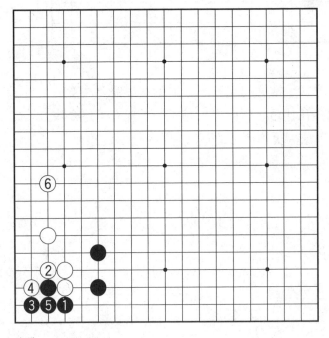

失败

【失败】

　　黑1下扳是稍微软弱的下法。这是下边没有一间跳时的定式。白6拆开后，是黑棋多少有些不满的局面。

豪快的手筋

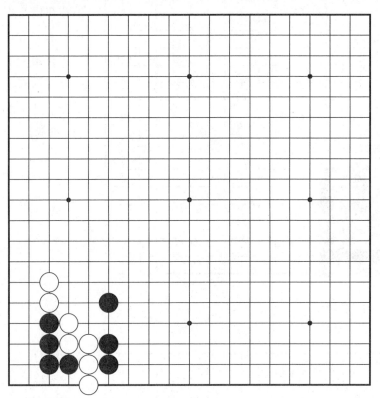

问题图　黑先

　　上面问题图正解的行棋次序中，白棋下出无理手，强行立下分断黑棋，这时又该如何正确应对呢？如果我们能够掌握这个手筋并在实战中使用，必将成为有力的武器。

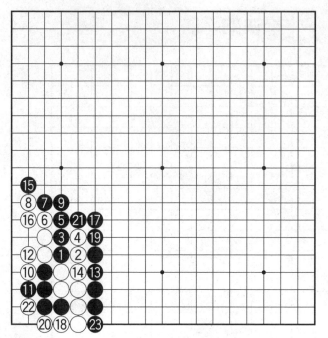

正解

【正解】

行棋次序很多，推荐在棋盘上打谱。从结果来看，黑棋通过弃掉角上的实地，在外面构筑了巨大的厚势，这是黑棋非常满意的局面。

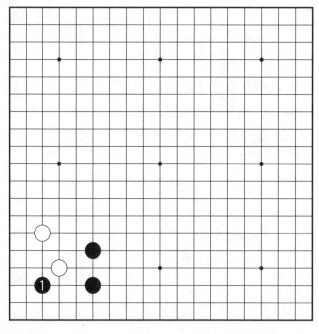

总结

【总结】

希望扩展下边模样的时候，这个三三的狙击手段在实战中经常出现。请大家利用这个机会加以掌握并运用在实战中。

第二章　大飞

星位大飞缔角的三三

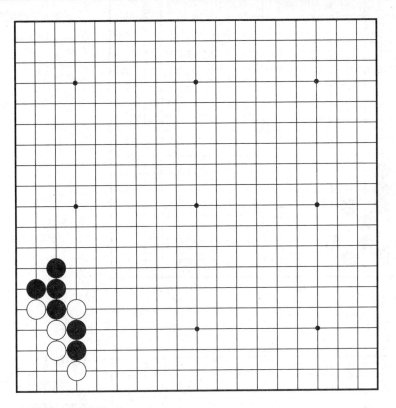

问题图　黑先

　　这个局面很容易下错，特别是在和高手的对局中出现的时候，挺令人害怕的。

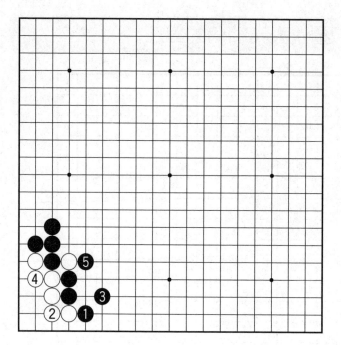

正解

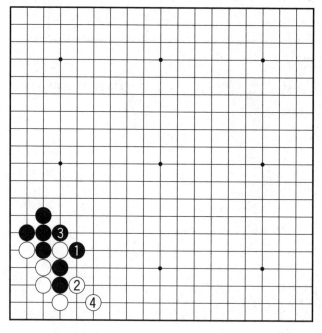

失败

【正解】

　　黑1扳住是正解。接下来进行到黑5是定式的行棋次序。

【失败】

　　如果感到害怕而于黑1征子吃住白棋一子，不是好棋。白棋不仅拿到了角上的实地，还在边上出了头，黑棋失败。

定式之后

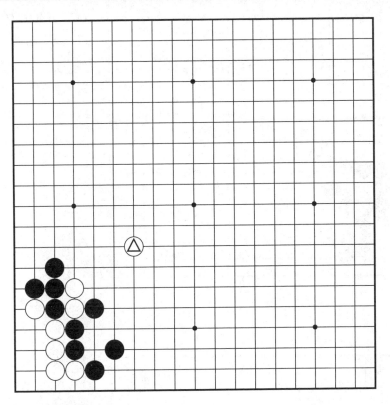

问题图　黑先

　　前面问题图的定式之后的问题。当△一子带有白子的时候，被征吃的白棋逃出。这恰好是惩罚白棋下法过分的局面。无理手一旦得逞，比下出好手更具有破坏力，所以一定要当心这个局面。

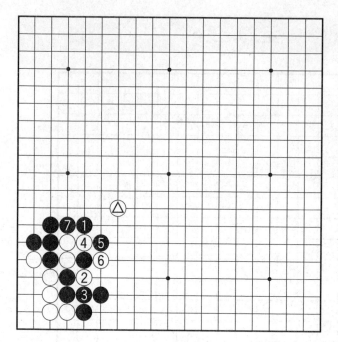

正解

【正解】

黑1的枷是手筋。白2、4看上去好像可以逃出，进行到黑5，利用弃子滚打包收，白棋被吃住，黑棋大获成功。

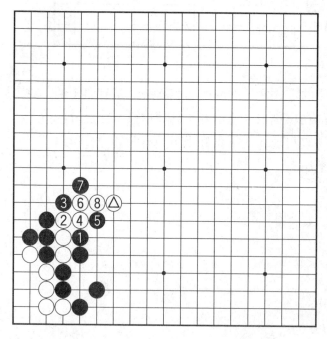

失败

【失败】

如果黑1去征吃白棋，结果则是逃出的白棋和△一子取得了联络。在我们掌握了正解图之后，对于黑棋的厚势就会更加有自信了。

白棋的最强手

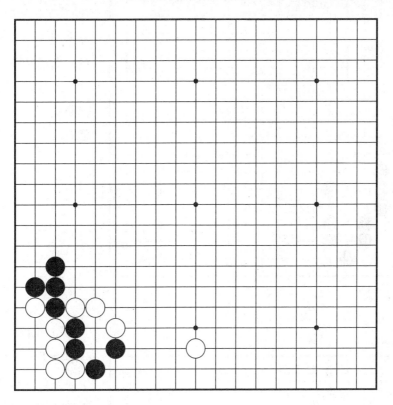

问题图　黑先

　　下边增加了一个白子。白棋在活角之前先将切断黑棋的一子逃出。此后的数手应该如何进行呢?

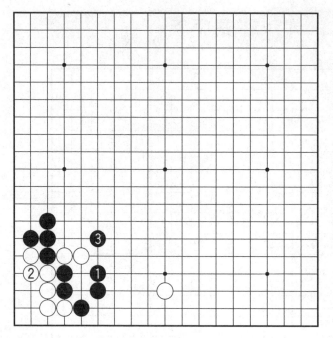

正解

【正解】

如果事先不知道黑1这手棋的话，这个急所是不大容易发现的。白2如果在角上做活，黑3跳枷可以吃住白棋二子，这是黑棋满意的局面。

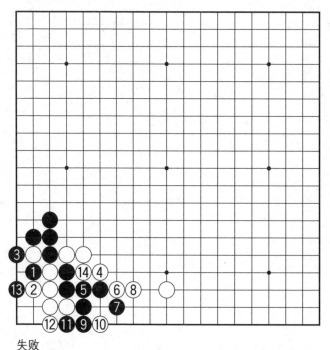

失败

【失败】

黑1，希望吃掉角上的白棋，但被白4占到急所后，则成为黑棋气短的棋形，对杀以黑棋的失败而告终。

星位大飞缔角的下扳

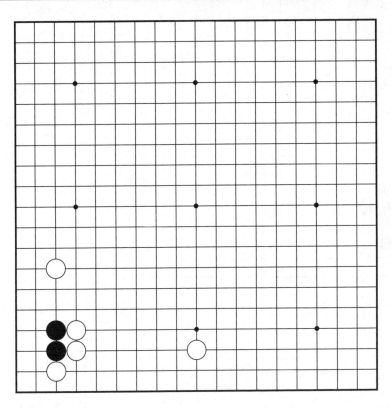

问题图 黑先

一般来说，二子头必扳，然而这里的白棋却是从相反的方向扳过来。这手棋挺凶狠的，需要当心。

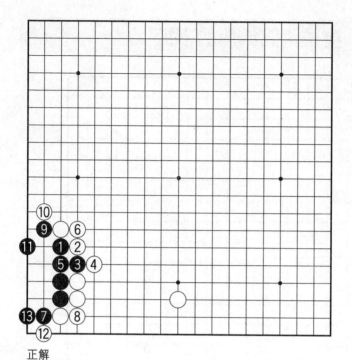

正解

【正解】

黑1的靠是手筋。黑棋在活棋的同时，还在白棋的墙壁上留下了几处毛病，这个局面黑棋没有什么不满。

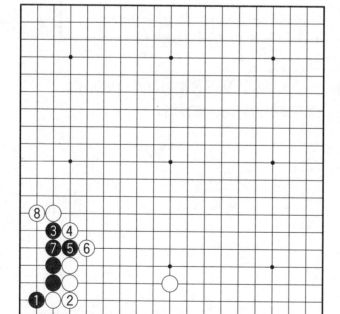

失败

【失败】

黑1挡是随手棋。之后黑3即便靠，白8也可以顽强地立下，黑棋的风险很大。本图对于黑棋来说实在可怕。

确认死活

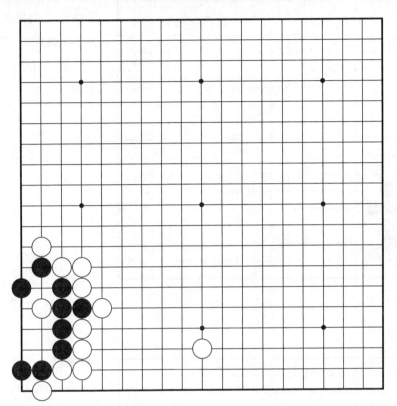

问题图　黑先

前面问题的后续。让我们来确认一下角上的黑棋是否已经活透。这是常见的活棋形状，希望大家在今后的实战中一眼就能够看出来。

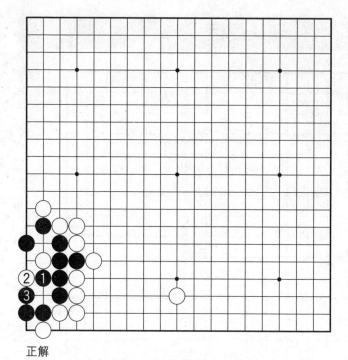

正解

【正解】

黑1挡下正确。防守住弱点的同时，黑3可以确保另外一只眼。黑1下在左边一路也没有问题。

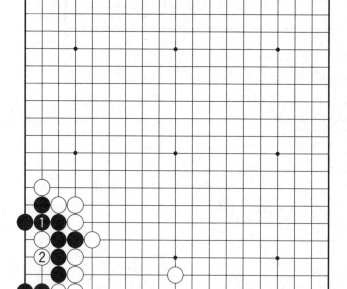

失败

【失败】

如果是因为被刺了一手而黑1粘住的话，那就失败了。白2并一手，尽管可以吃掉里面的白棋，却成为"中手"的形状，只能做出一只眼。

双大飞的三三

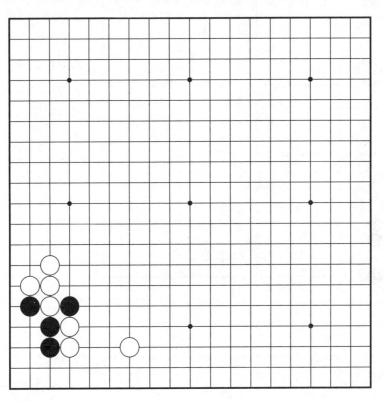

问题图　黑先

　　星位双大飞缔角被称为"蜻蜓翅"，不是好形。但是，不认真应对就有可能损失惨重。

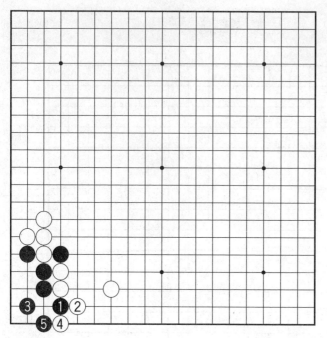

正解

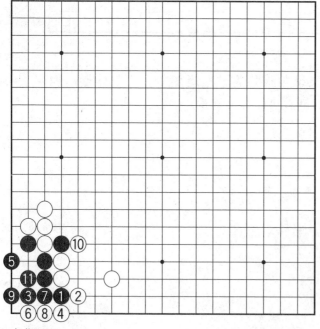

变化

【正解】

黑1扳后黑3虎住，对于白4的打吃，黑5做劫是合理的下法。白棋如果劫败，外面就变得崩溃，所以从黑棋的立场出发是乐于打劫的。

【变化】

如果对打劫有恐惧，那么黑5虎的下法也可以无条件活棋。只不过本图的黑棋是两眼苦活，而且外面的白棋也变得很厚实，黑棋稍有不满。

"蜻蜓翅"后的死活题

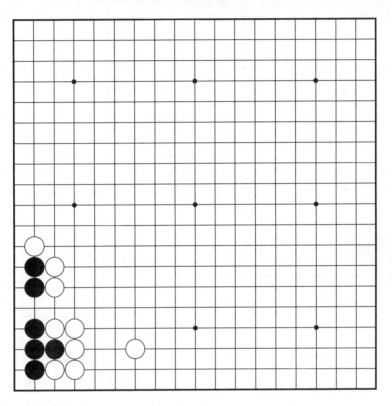

问题图　黑先

　　猛地一看似乎黑棋已经被吃住了，其实，利用手筋的力量是可以活棋的。

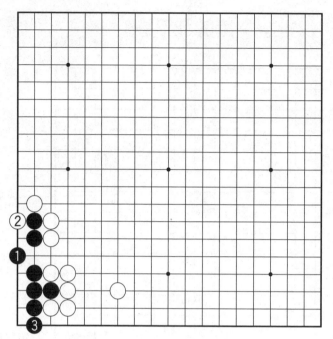

正解

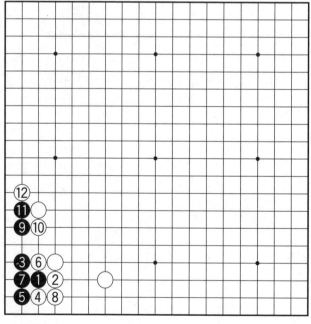

行棋次序

【正解】

黑1倒虎是不易发现的手筋。白2缩小眼位试图吃棋时，黑3立下角上直四活棋。

【行棋次序】

这是形成上面死活题的行棋次序。

一旦掌握了行棋次序，就很容易在实战中去运用了。

第三章　直接点二三二

星位二间缔角的三三

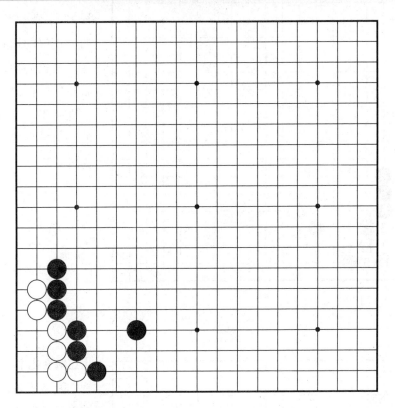

问题图　黑先

　　这个局面在让子棋里经常可以见到。

　　现在轮到黑棋。想下在哪里呢？这个问题多少有些成心刁难人的意思。

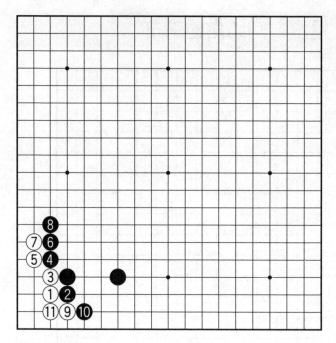

行棋次序和正解

【行棋次序和正解】

问题图是按照这样的行棋次序形成的。正解的回答是脱先。白棋的理想图是希望黑棋在黑10的右上虎一手。这样防守的子力就显得过多成为凝形了。

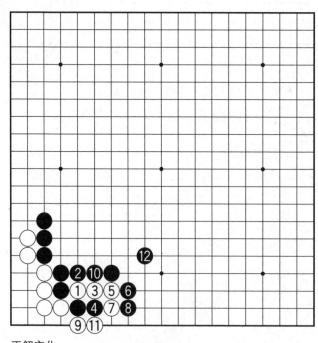

正解变化

【正解变化】

因为附近本来就有黑棋，所以即便白1切断，黑2以下也可以利用弃子进行作战。进行到黑12，黑棋外势更加厚壮，没有任何不满。

旧三三定式后的狙击

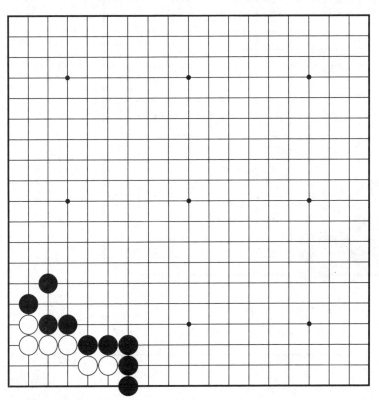

问题图　黑先

　　这是从基本定式衍生出来的变化图。如果不了解的话，这将是一个难度很大的问题，让我们通过答案来掌握它吧。

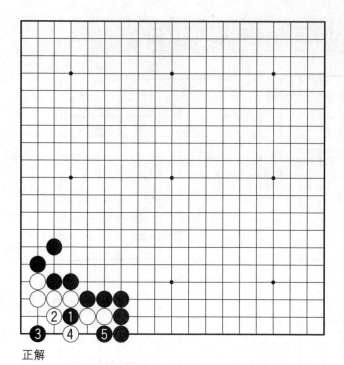

正解

【正解】

黑1的断是手筋。接下来的黑3是组合拳，白棋只有一只眼，难逃厄运。

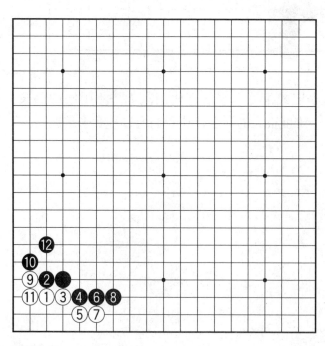

行棋次序

【行棋次序】

到黑12为止是基本定式。

在此基础上增加了两手棋，形成了问题图。

在实战中的使用方法是下一个问题。

活学活用

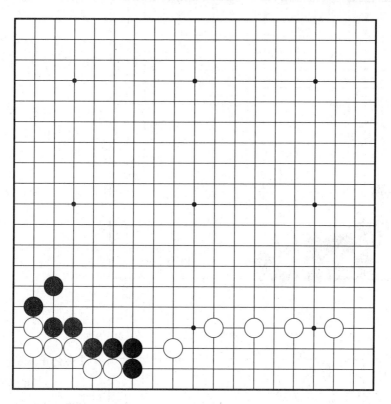

问题图 黑先

这是前面问题的应用。

当出现了这样的局面时，下在哪里好呢？声东击西是个好方法，如果想狙击左边，那就让我们先看看右边吧。

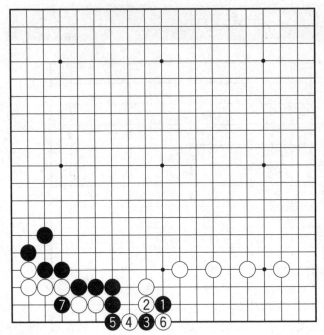

正解

【正解】

黑1，从这里下手，这是手筋。

看上去好像过于深入，白棋可以将黑棋断下，然而，黑5是先手，黑7可以吃掉角上的白棋。

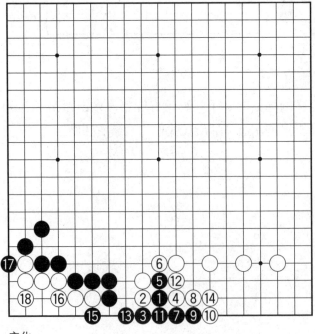

变化

【变化】

白4只能靠住，希望阻止黑棋进一步深入，但是黑棋还是可以钻进去不少。黑13之后，黑15扳，继续在这边收官。

新三三定式后的狙击

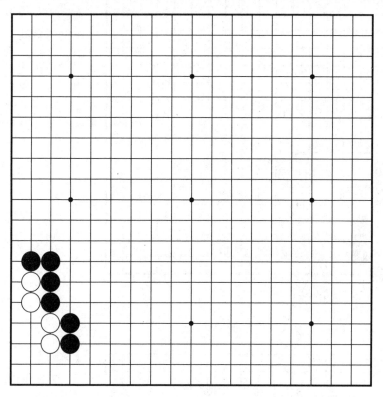

问题图　黑先

　　对于角上的白棋用什么样的手筋去攻击呢？第一手需
要用心。

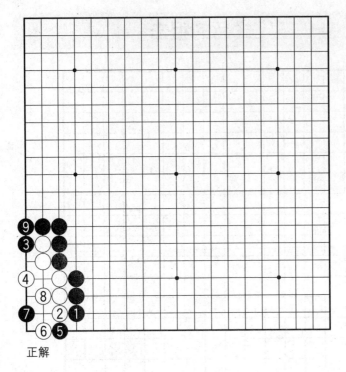

正解

【正解】

黑1立是重要的一手。从容不迫地缩小白棋的空间。接下来黑3、5、7是一套组合拳，白棋做不出两只眼。

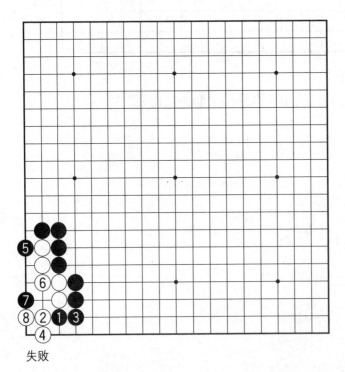

失败

【失败】

黑棋很想黑1扳一手，结果却是失败。白2、4之后，白棋是活形了。

难解的抵抗

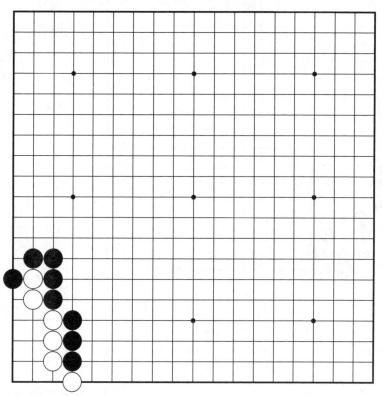

问题图　黑先

　　前面问题的变化图。白棋在一线扳了一手进行抵抗的场合，我们该如何应对？

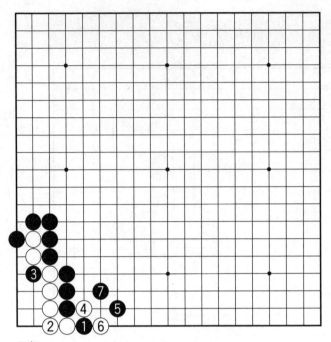

正解

黑1扳下挡住之后，黑3破眼。对于白4，黑5是手筋。黑7封锁之后，白棋无法逃出。

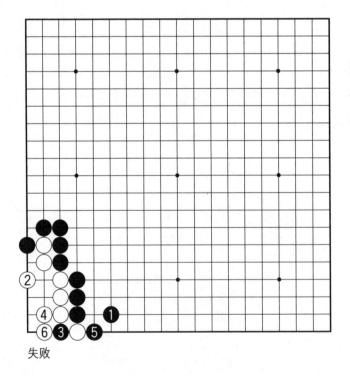

失败

【失败】

黑1跳可以说是冷静的一手，但是白2、4的手筋可以在角上活棋。

其他的抵抗

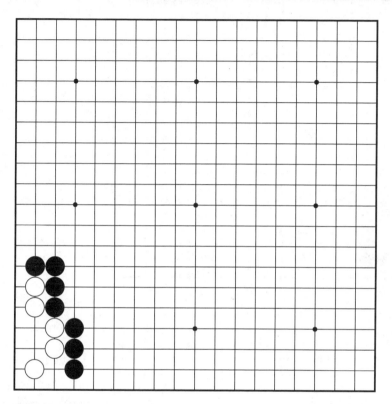

问题图　黑先

　　黑棋立下之后，白棋小尖进行抵抗的场合，我们又应该怎么应对呢?

　　实战中或许不太容易注意到。

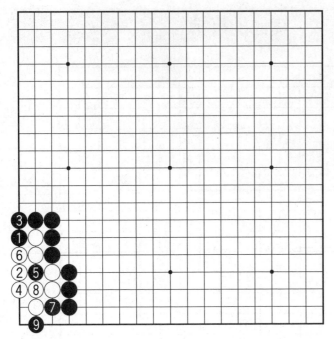

正解

【正解】

黑1扳，白2虎，这时的黑3是不容易发现的妙手。有了这一手，无论白棋怎么应对，都无法做出两只眼。

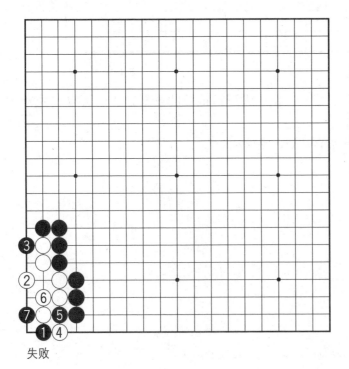

失败

【失败】

黑1急匆匆地去破眼反而导致失败。

黑棋竭尽全力的结果是打劫。本来是可以无条件吃掉白棋的，打劫则是失败。

三三定式后的死活题

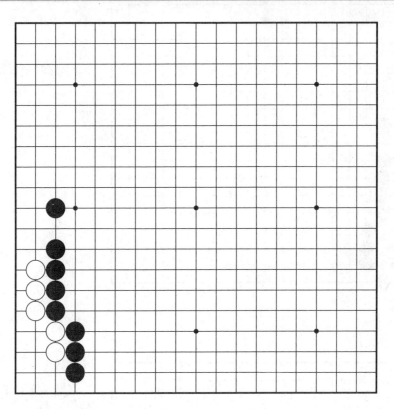

问题图　黑先

　　可以无条件吃住白棋吗？请注意不要形成打劫。

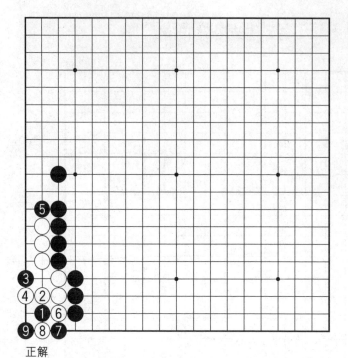

正解

【正解】

黑1跳，仅此一手。接下来黑3是重要的一手。对于白4的分断，黑5可以吃掉白棋。由于白棋自身气紧，无法吃掉角上的黑棋。

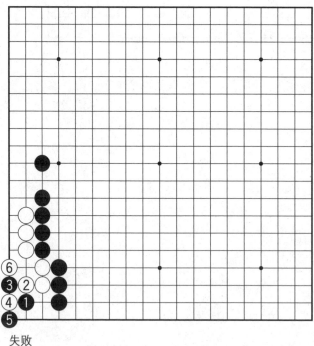

失败

【失败】

黑3扳，看上去是让白棋成为假眼的手筋，此时效果并不好。白4是手筋，形成打劫。

击破无理手

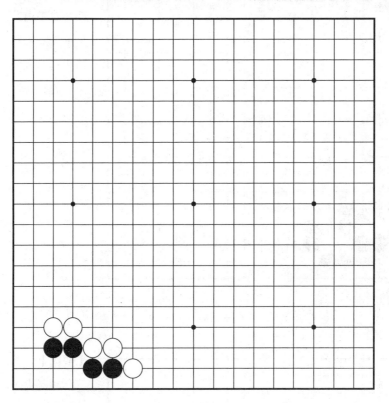

问题图　黑先

　　三三定式的变化，白棋在二线扳住。这手棋大多是无理手，让我们给予严厉的惩罚吧。

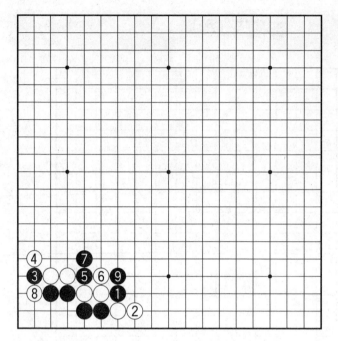

正解

【正解】

黑1断是绝对的一手。对于白2，黑3、5是手筋。进行到黑9的结果是，征子吃掉了白棋的棋筋。

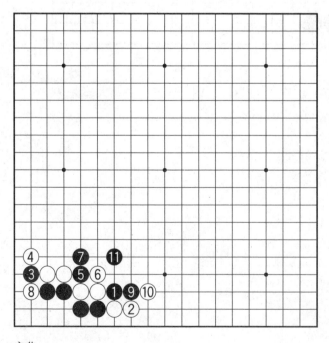

变化

【变化】

如果是在征子不利的场合，黑9先手之后，黑11枷吃，依旧可以吃住白棋的棋筋，黑棋大获成功。

顽强抵抗的对策

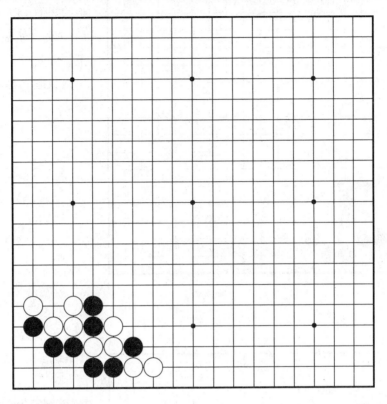

问题图　黑先

　　前面问题的变化图。

　　白棋进行最顽强的抵抗，竭力防止棋筋被征吃或枷吃。那么，这个局面下又应该如何应对呢？

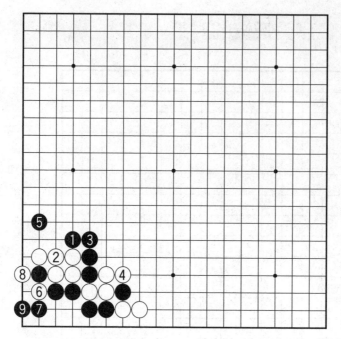

正解

【正解】

黑1、3是从容不迫的好手。白4是必然的一手，然后黑5飞下，左边的白棋做不出两只眼，黑棋大获成功。

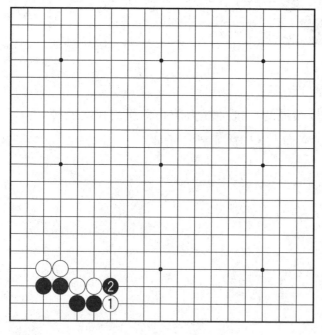

确认

【确认】

对于白1的扳下，黑2要毫不犹豫地断上去。实战中惩罚白棋的无理手是需要一定的战斗力的。

连扳定式

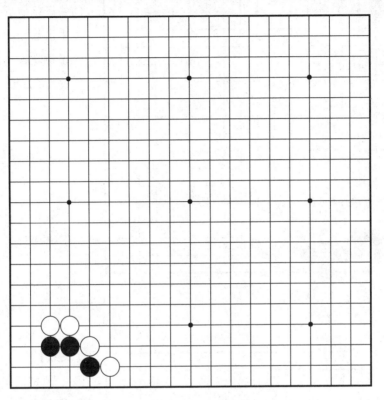

问题图   黑先

　　白棋的连扳不是无理手，而是非常漂亮的一手。

　　这里，黑棋应该选择什么样的定式进行战斗呢？

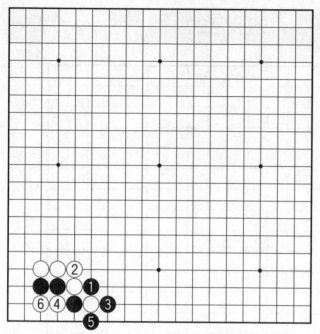

正解

【正解】

黑1以下抱吃下边的一子是定式。如此一来虽然角上的黑棋二子被吃掉，但黑棋的拔花是好形。

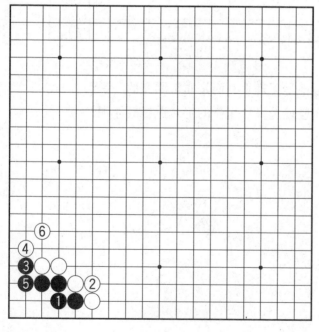

失败

【失败】

黑1粘，先守角，不是好棋。角上固然可以活棋，但是外面白棋的厚势更胜一筹。这是黑棋不满的局面。

变通的下法

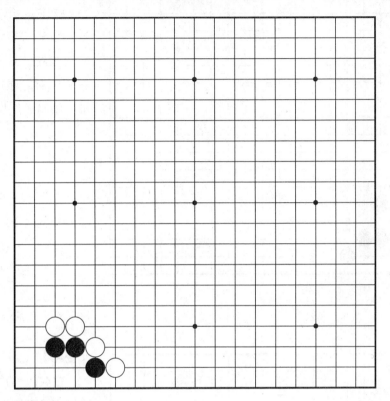

问题图　黑先

　　和前面的问题图一样，只不过现在黑棋希望有所变通，在左边发展，请思考一下这个场合的下法。如果能够掌握住前面的问题和本题的要领，连扳定式这一课就可以毕业了。

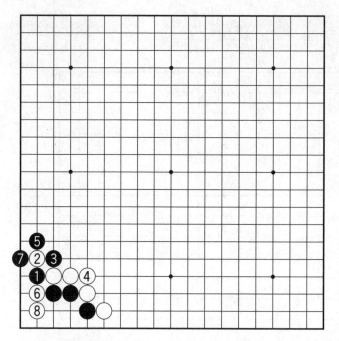

正解

【正解】

　　黑1、3是手筋。白4粘住是正常的下法。黑5、7则可以在左边拔花。这个手段在破坏对方左边模样的时候非常有力。

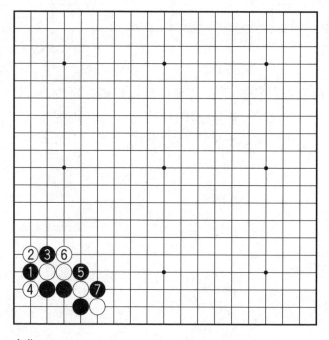

变化

【变化】

　　白4在这边吃住黑棋一子不是好棋。黑5双叫吃，黑棋大获成功。

第四章　其他

星位单关缔角的三三

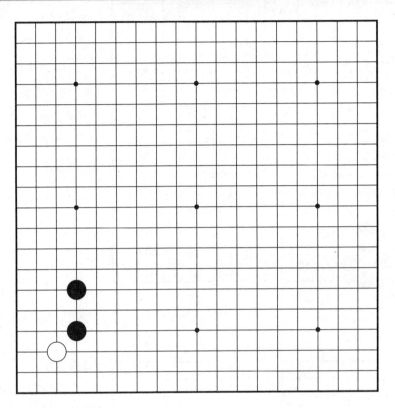

问题图 黑先

这个棋形的场合下被点三三之后，合理的下法又是怎样的呢？一旦掌握了合理的下法，也就不会害怕对方点进来了。

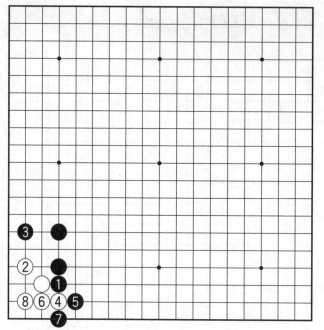

正解

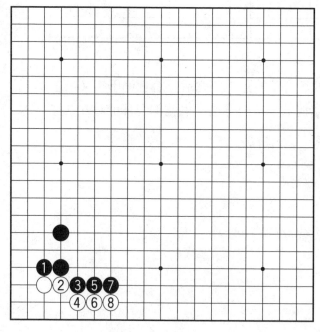

失败

【正解】

黑1靠，仅此一手。白2的尖非常重要。

接下来进行到白8，白棋活在了角上。不过，还有难解的课题在等着我们，且听下回分解。

【失败】

黑1挡在这边是失败图。看上去类似定式一样，然而，最初从星位单关缔角的一子，因为过于接近厚势而显得子力重复，黑棋失败。

试图吃棋

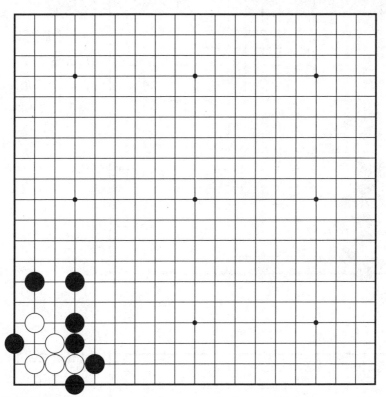

问题图　白先

　　这是上一个问题的继续。黑棋点在急所试图吃掉角上白棋的场合，白棋应该如何应对才能活棋呢？

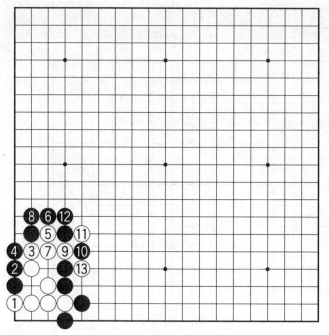

正解

【正解】

局部而言的确有些为难，不过，白3、5的手筋可以将黑棋的外壁击穿。也就是说，黑棋是无法吃掉角上的白棋的。

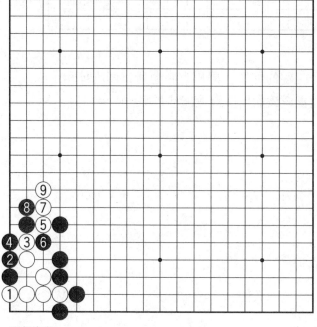

正解变化

【正解变化】

黑6在内侧进行变化，从这边打吃。不用担心，进行到白9的长出，左边的黑棋危在旦夕。

补强之后

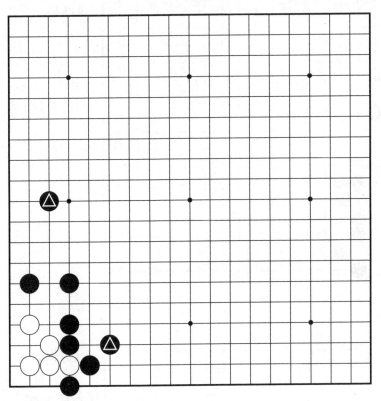

问题图　黑先

　　上一个问题的继续。当黑棋在▲处补强之后，又会发生什么样的变化呢？如果我们能够掌握到此为止学习的内容，那么，对于"星位单关缔角的三三"的知识，就可以说是了解得非常充分了。

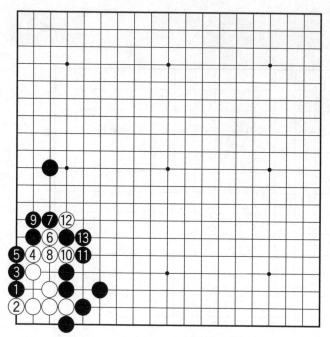

正解

【正解】

　　这个局面下，黑1吃棋的手法是成立的。

　　白棋试图冲破包围网，然而，补强的棋子发挥了作用。

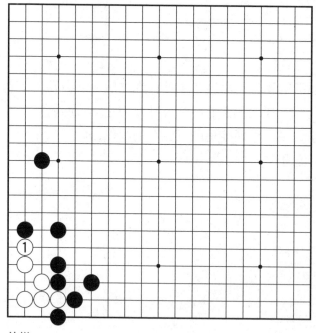

补棋

【补棋】

　　因此，从白棋的角度来说，在周围的黑棋得到加强的场合，就需要白1补一手棋了。

星位小飞缔角加小尖

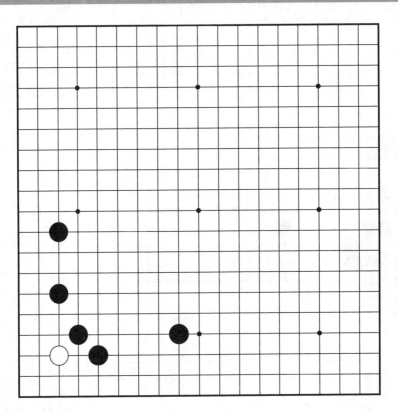

问题图　黑先

　　黑棋的形状非常好。星位之后加上小飞缔角和小尖，这是非常坚实的结构。进一步还在两边拆开，所以，是不能允许白棋点三三后活棋的。

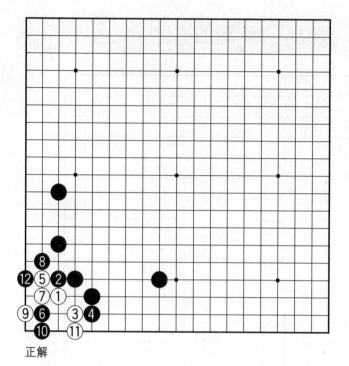

正解

【正解】

　　黑2是值得推荐的一手。接下来的黑6是至关重要的急所。迫使白7粘住之后，黑8从外面挡住，白棋全灭。

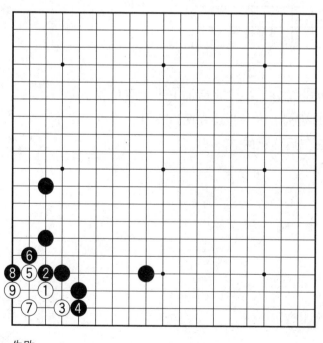

失败

【失败】

　　正解图的黑6如果像本图这样从外面挡住，则是随手棋。被白7占据急所后，形成打劫。

随手

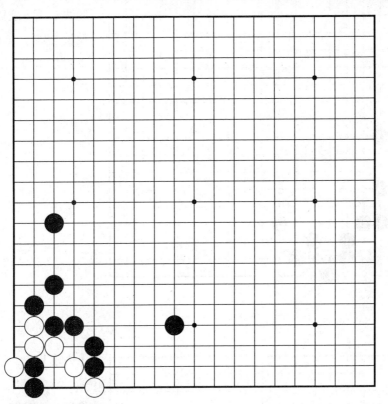

问题图　黑先

前面问题的继续。白棋在下面一路扳了一手，进行最后的抵抗。需要注意的是，不要采用官子阶段的下法。

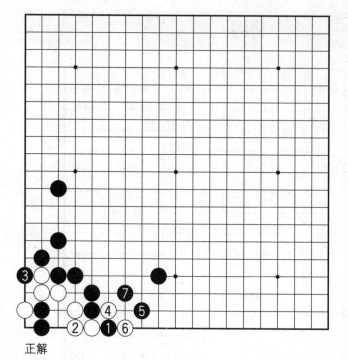

正解

【正解】

黑1先挡住，然后脱先，黑3破眼。即便被白4断，黑5、7可以封住出口，白棋被吃。

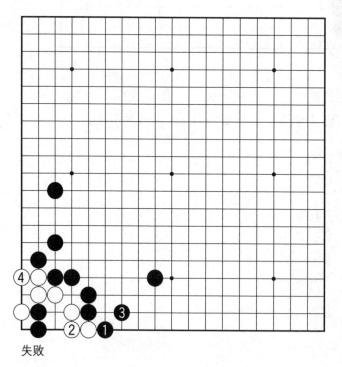

失败

【失败】

绝大多数人都会像黑1、3这样下，从官子的角度来说当然没有问题。但是，这样一来，白4可以活棋，黑棋的软弱让白棋的无理手得逞。

周围条件发生变化

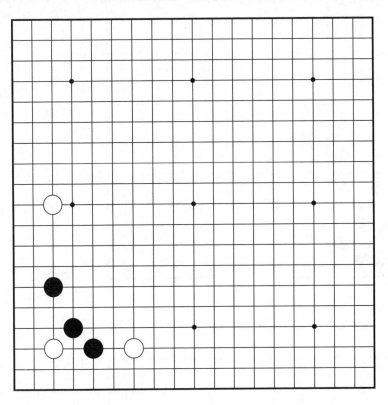

问题图　黑先

同样是星位之后加上小飞和小尖的结构，不过这次是白棋占据了周边的局面。这个场合下我们又应该如果去合理地应对呢？

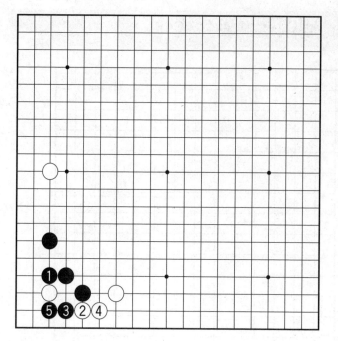

正解

【正解】

黑1是必须的一手。接下来的白2是手筋，进行到黑5，黑棋确保了角上的实地，是黑白双方都可以接受的结果。

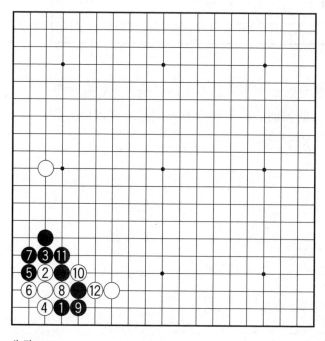

失败

【失败】

黑1，在这个场合下是过分的下法。白2之后，已经无法吃住白棋。硬去吃棋的话，结果如图所示，黑棋反而被吃。

蛮干的对策

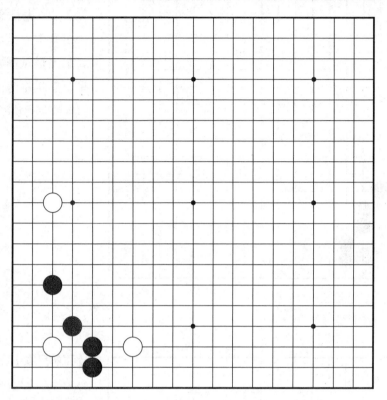

问题图 白先

现在我们站在白棋的角度来看一下，黑棋在二路立下，要强行将白棋纳入囊中，这个局面下白棋应该如果应对？

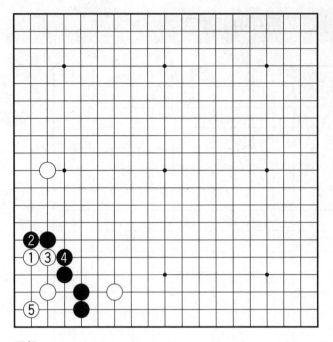

正解

【正解】

白1飞，扩大眼位。白5尖是急所，白棋基本上是活形。如果黑棋试图吃掉白棋，黑棋本身的毛病将导致其无功而返。

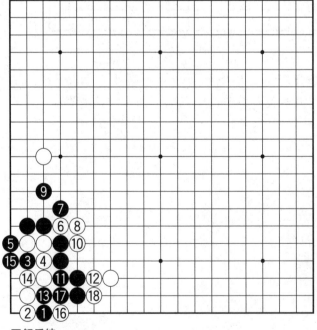

正解后续

【正解后续】

黑1、3虽然能够夺取白棋的眼位，但是，被白6一断，则使黑棋破绽百出。进行到白18，双方对攻的结果是白棋快一气杀掉黑棋。

扳一手

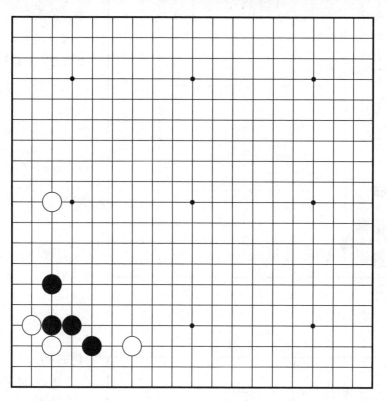

问题图　黑先

　　在白棋点入黑棋星位小飞加小尖的三三后，有各种各样的手段。我们在这里介绍黑棋挡后白棋扳一个的变化，一旦掌握就不会再惧怕三三的打入了。

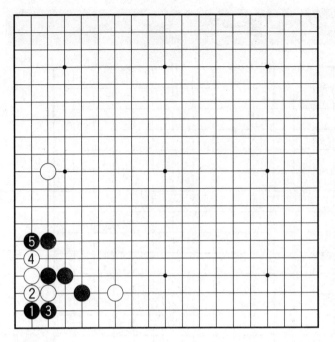

正解

【正解】

黑1点是简明的一手，值得推荐。如此一来，就可以将白棋全体悉数捕获。

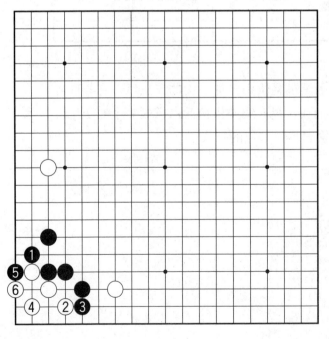

失败

【失败】

黑1是随手棋，一定要注意。被白4占据急所后，白6形成打劫，黑棋失败。

重视外面

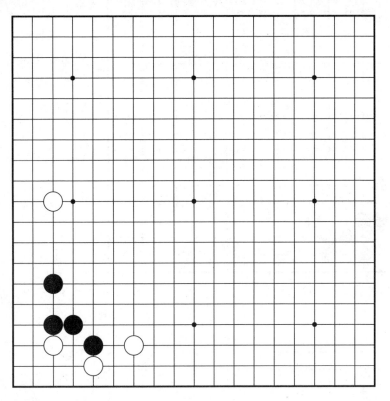

问题图　黑先

上面的问题都是重视角上实地的下法，现在的这个问题则是更希望在边上或中央发展，那么，让我们来看看会出现什么样的变化吧。

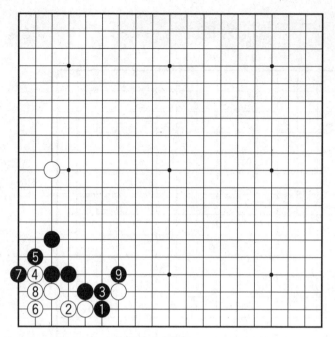

正解

【正解】

黑1从外边挡住。当下边和中央可以构成大模样时，选择这样的变化也是非常有力的，希望大家能够记住。

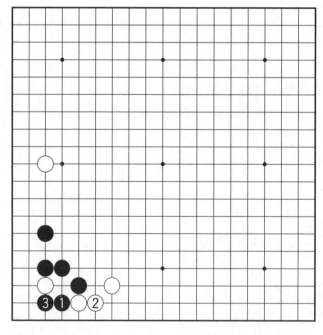

变化

【变化】

简明的下法则是如本图所示。如果我们能够做到根据局面分别使用这两种下法，那就可以说是有业余初段的水平了。

星位大飞缔角加小尖

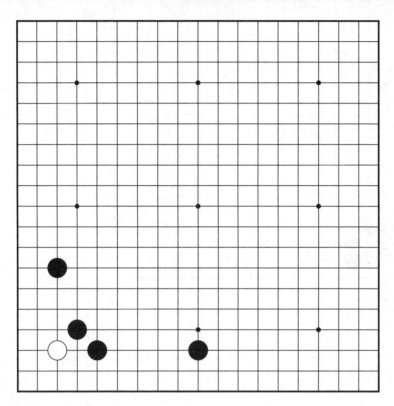

问题图　黑先

　　这个棋形也是非常有力的结构。

　　所以，对于白棋的点三三，可以瓮中捉鳖，手到擒来。

　　星位大飞的下法和星位小飞基本上一样，我们就当作复习来做这道题吧。

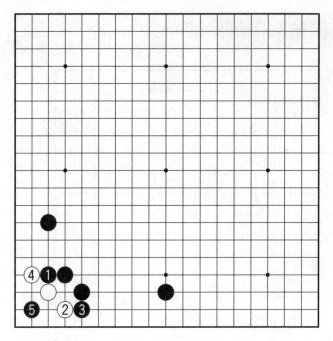

正解

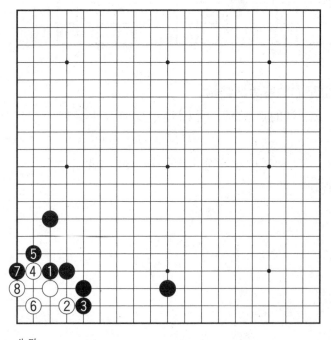

失败

【正解】

和小飞的时候一样，黑1是值得推荐的一手。

对于白4，黑5是急所——只要知道这手棋就可以高枕无忧了。

【失败】

黑5如果如本图这样在外面挡住的话，则形成了打劫。角上的这个图形是经常出现的，希望大家能够记住。

变化

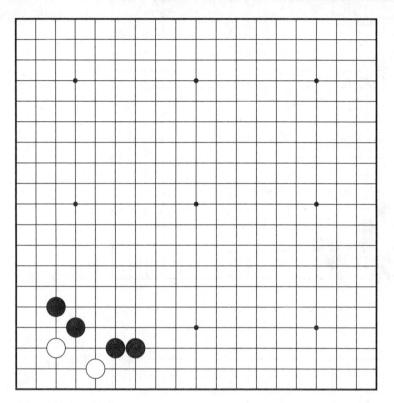

问题图 黑先

对于星位大飞缔角加小尖，这次白棋换了一种侵入方式。让我们把它当作实战中的死活题来计算一下吧。千万不可疏忽大意。

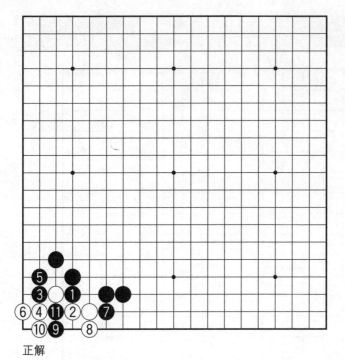

正解

【正解】

黑1、3、5是组合拳，好手。黑9点在急所上，白棋全军覆没。

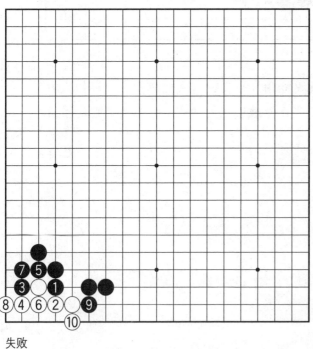

失败

【失败】

黑1、3是好手，但是黑5的打吃却是问题手。白8之后，白棋活透，黑棋失败。

奇袭

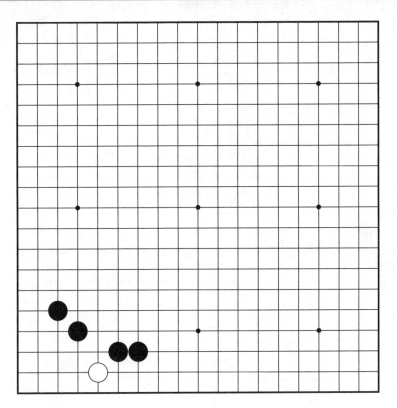

问题图　白先

　　这个局面下白棋是可以在角上出棋的。在这种黑棋很多的地方，对于白棋来说，能够形成打劫就是求之不得的结果了。

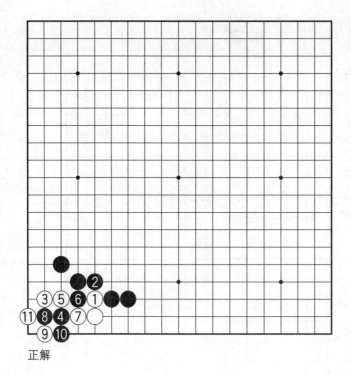

正解

【正解】

　　白3是手筋。有此一手，黑棋已经不能无条件净吃白棋了。白9的托是手筋，最后形成打劫。

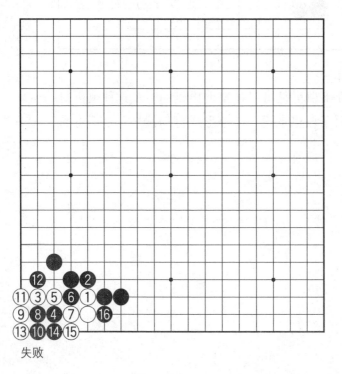

失败

【失败】

　　正解图的白9如果像本图这样扳一手的话，失败。黑14是妙手，无条件地吃掉了所有白棋。

三三之后的死活题

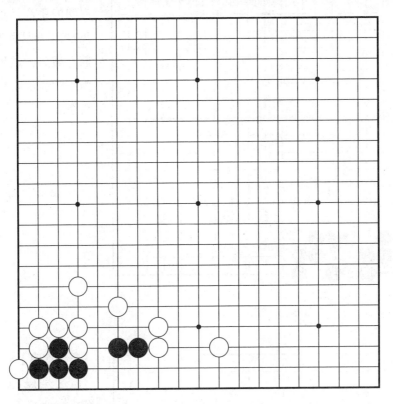

问题图　黑先

　　这是个有些难度的问题，实战中很容易出现的棋形，请试着挑战一下吧。

　　对于这种实战型的死活题，努力去计算当然很好，而反复观看答案并记住，也不失为一种重要的学习方法。

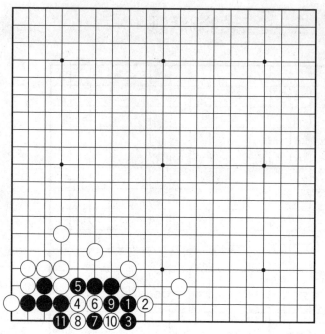

正解

【正解】

黑1、3扩大眼位空间的手法是正解。黑7是不容易发现的手筋。最后的结果是成为胀牯牛的棋形，黑棋净活。

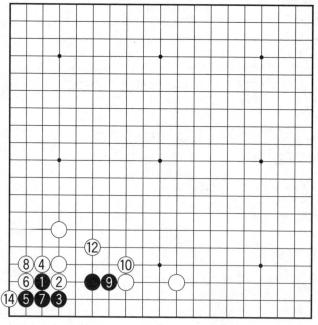

行棋次序　⑪⑬脱先

【行棋次序】

这是黑1点三三的定式之后形成的棋形。

压长之后的三三

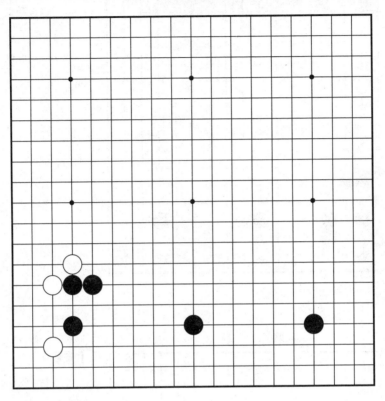

问题图　黑先

　　如果不知道这个三三的变化，那是很容易出错的。

　　请大家思考一下后面的变化。

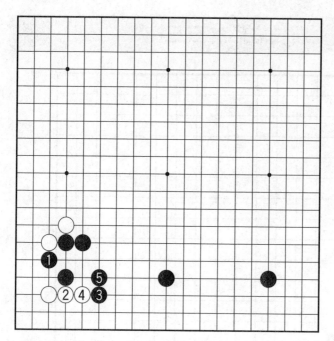

正解

【正解】

黑1分断是重要的一手。接下来，对白2，黑3是手筋。本图是黑棋简明易下的局面。

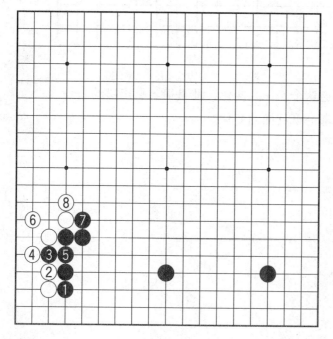

失败

【失败】

黑1挡在这边，一般来说比较松缓。由于招法简单明了，所以很容易下出手。就局部而言是黑棋不满的形状，希望大家能够记住。

星位三间拆的点三三

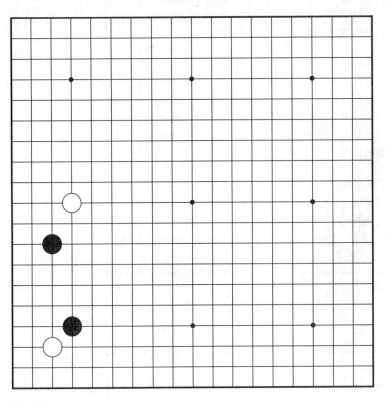

问题图　黑先

　　星位的点三三和星位三间拆的点三三，到底有多大的不同呢？根据周围子力的配置，同样都是点三三，却会有各种不同的变化。

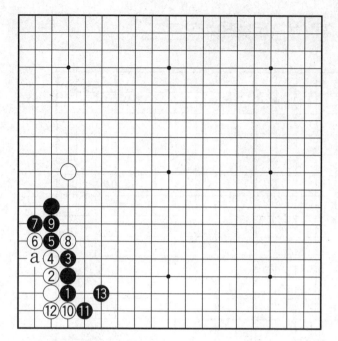

正解

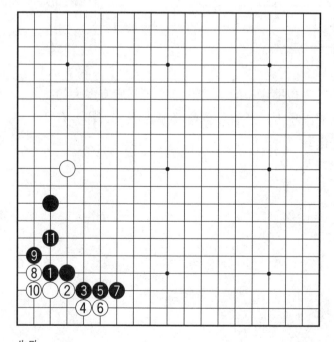

失败

【正解】

　　黑1挡住是第一感。接下来黑3长一手之后，黑5、7连扳。进行到黑13，黑棋形状厚实。黑a位的先手也是值得骄傲的地方。

【失败】

　　如果像这样按照定式去下的话，最初的三间拆的一子的位置就过于狭窄，不能满意——培养自己有这样的棋感是非常重要的事情。

惩罚下错定式

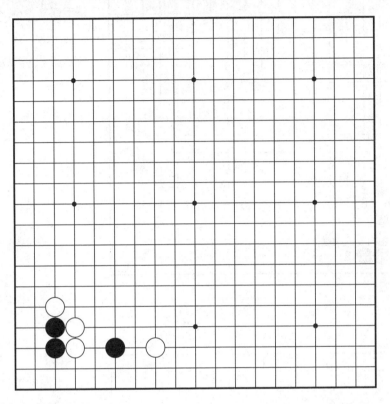

问题图　黑先

　　这是白棋下错了定式后的局面。当对方没有按照定式的下法去行棋时，往往是你的"机会"来了。不过，需要注意的是，如果你并不知道对方下错了定式，没有抓住机会去惩罚其罪过，那么，对方就会占到便宜，比按照定式进行还要划算。

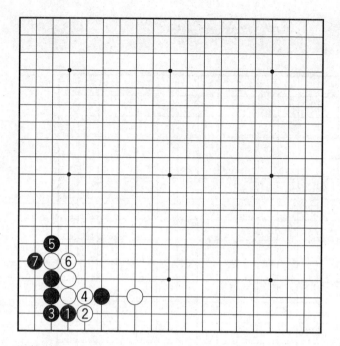

正解

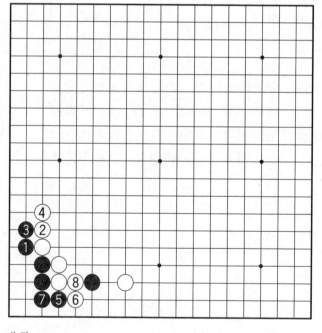

失败

【正解】

黑1、3扳粘后黑5是手筋。白6粘住是通常的下法，黑7渡过，这是黑棋可以满意的局面。

【失败】

本图的黑1扳是不加思考的一手，软弱无力。和定式相比，黑棋被压在低位，失败。

下扳的变化

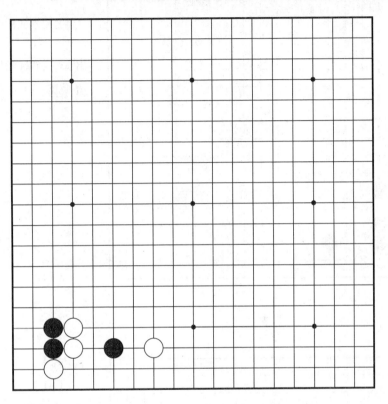

问题图 黑先

　　当对方不按套路出牌的时候，也就是没有按照定式行棋，很多人就哀叹连连不知道后面怎么下了。其实，我们正好可以借此机会，反复摸索、尝试，以达到对定式的理解更加深刻、对手筋的掌握更加熟练的目的。

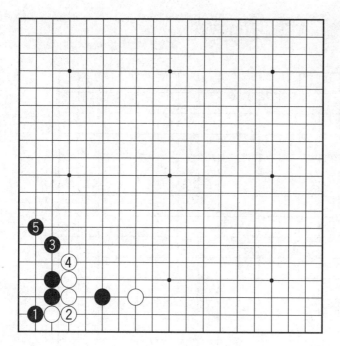

正解

【正解】

　　黑1，平凡地应一手，没有什么不满意的。黑3、5在边上出头，同时还瞄着下边黑棋一子的出逃。本图黑棋完全可以接受。

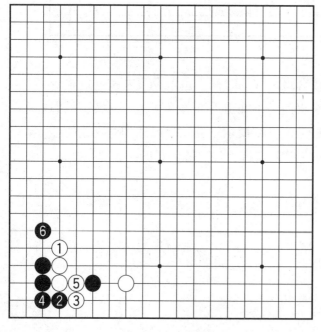

定式

【定式】

　　白1是本来的定式。这个定式非常有名，加以变招后，出乎意料地还挺复杂。

星位一间低夹的三三定式的变化

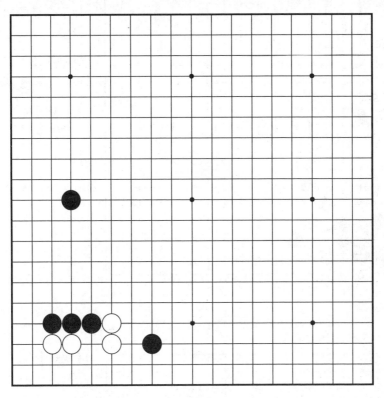

问题图 黑先

白棋夺取了角上的实地之后，还试图向中央出头。接下来我们是否能够按照定式正确应对呢？

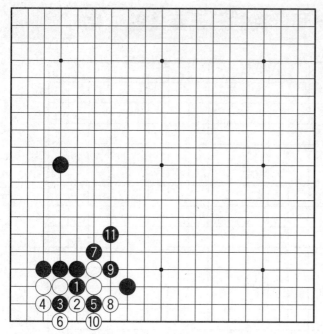

正解

【正解】

黑1、3的冲断抓住了白棋的弱点。利用黑3、5的弃子，黑棋封锁住了白棋向中央出头的线路。进行到黑11为止是定式。

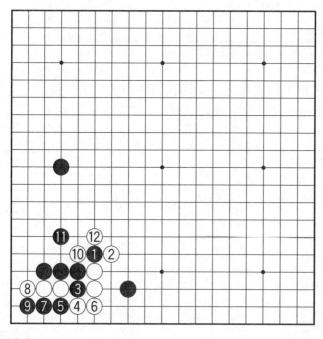

失败

【失败】

黑1以下的手法不好。进行到白12，与黑棋角上的实地相比，白棋在外面拔花的价值更大，黑棋失败。

星位二间高夹的三三定式的变化

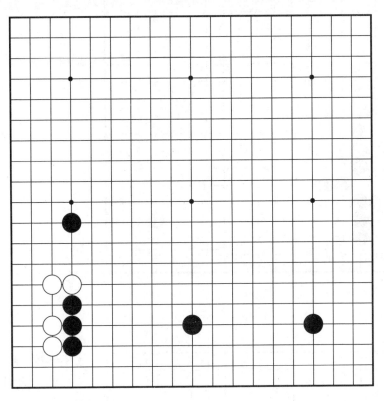

问题图　黑先

　　和前面的问题类似，不过这次是黑棋夹击的位置换成二间高夹了。这个场合下究竟选择什么样的定式和手筋呢？

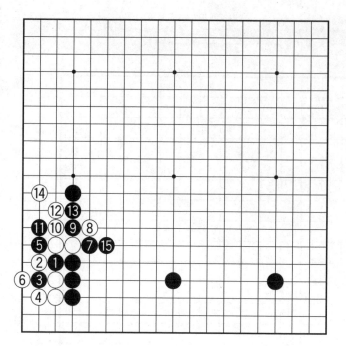

正解

【正解】

黑1以下冲击白棋的弱点是正解。黑11是弃子的手筋。结果形成实地对抗厚势的两分定式。

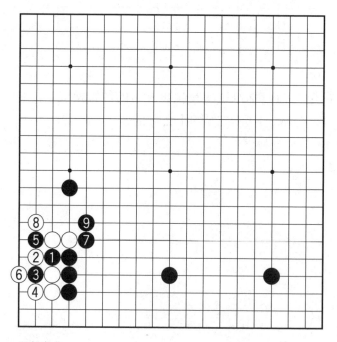

正解变化

【正解变化】

正解图的白8如本图这样抱吃一子的场合，对此黑9长出，这是黑棋可以满意的局面。

定式后的三三①

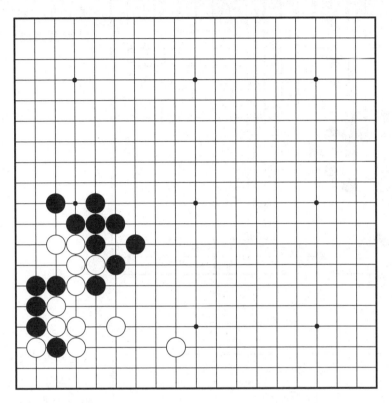

问题图　黑先

　　黑棋四子还有活力，不能任其自生自灭置之不理。

　　绝不轻言放弃，这里还有手段。

　　在实战中发现要点可能并不那么容易。

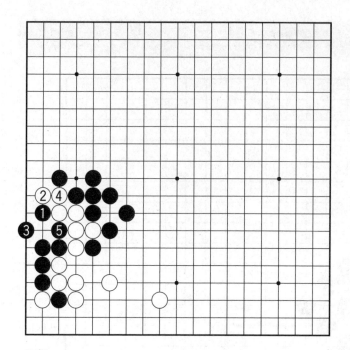

正解

【正解】

黑3是难以察觉的眼形的急所。进行到黑5，黑棋成功活出。

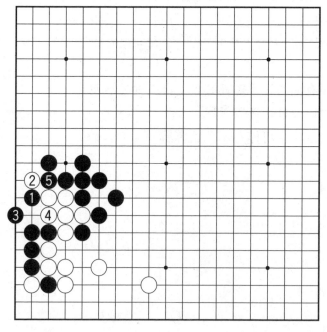

正解变化

【正解变化】

对于黑3，白4破眼试图吃棋的场合，黑5断，和外面取得联络。这里的要领就在于，由于白棋气紧，白4的左边不入气，无法吃棋。

击破无理手①

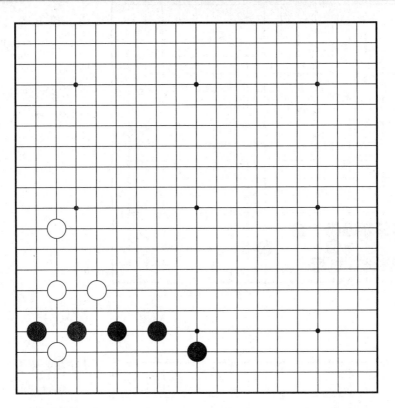

问题图　黑先

　　左下已经是黑棋的实地，现在是白棋点进来的局面。
对于这种无理手，我们需要思考一下都会出现哪些变化。

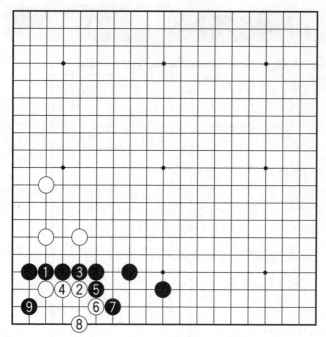

正解

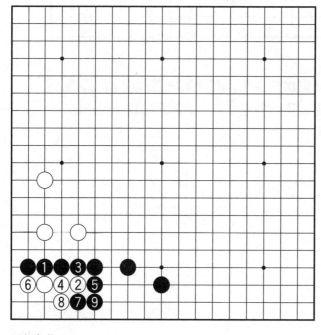

正解变化

【正解】

　　黑1首先坚实地粘住。接下来白2再刺一手，黑棋依旧坚实地焊住。还有其他变化，这里试举一例，白8虎，黑9跳，白棋被吃。

【正解变化】

　　正解图的白6，如本图这样在角上挡住的场合，黑7、9扳粘后，白棋的形状无法做出两只眼，黑棋成功。

击破无理手②

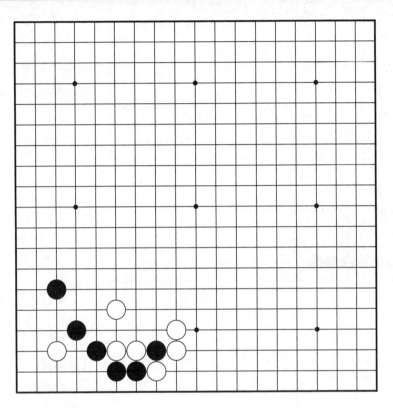

问题图 黑先

对于这个棋形，白棋点三三是无理手。

能不能干净利索地将白棋一举拿下？

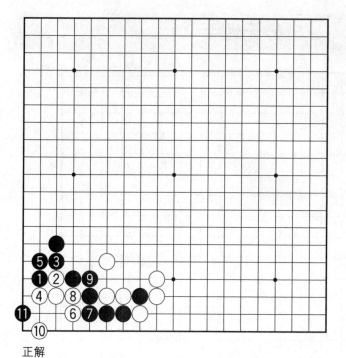

正解

【正解】

黑1正解，可以吃掉白棋。

即便白棋拼命扩大空间，眼位依旧不足。黑棋大获成功。

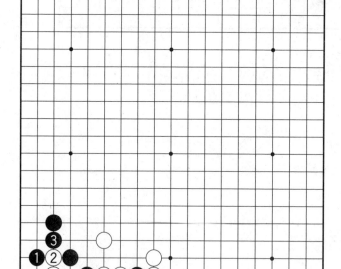

正解变化

【正解变化】

白棋试图用其他的手法进行抵抗，黑7是急所，干净利索地吃住了白棋。

定式后的三三②

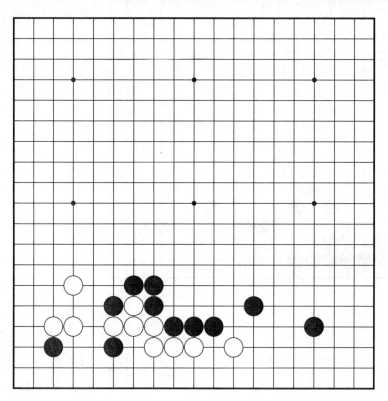

问题图　黑先

　　这是星位一间低夹定式后的形状。黑棋点三三，白棋从上边挡住的局面。

　　这里黑棋有华丽的活棋手段。

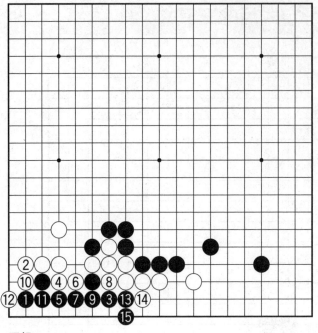

正解

【正解】

　　黑1尖是手筋。接下来，对于白2，黑3也是手筋，将白棋角上不小的实空洗劫一空，成功活棋。

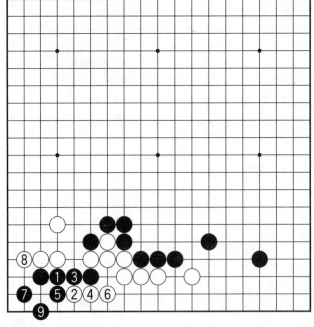

补充

【补充】

　　黑1虽然也可以活棋，白2是手筋，和正解图相比，黑棋活得太小，不能满意。

定式后的三三③

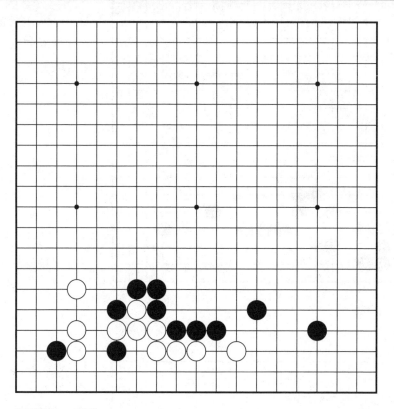

问题图　黑先

　　前面问题的变化图，白棋从右边挡住的场合，又会发生什么样的变化呢?

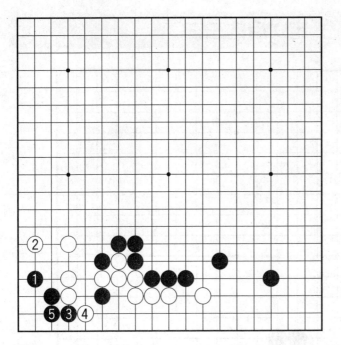

正解

【正解】

黑1尖是手筋。白2是一般分寸，黑3、5确保做眼的空间后可以活棋。

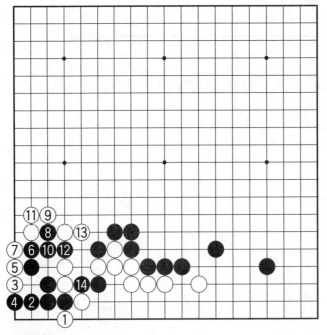

正解续

【正解续】

虽然白1前来吃棋，但是，由于白棋的外势比较薄，自身有毛病，所以无法吃住黑棋。进行到黑14，白棋已经难以为继。

典型的无理手

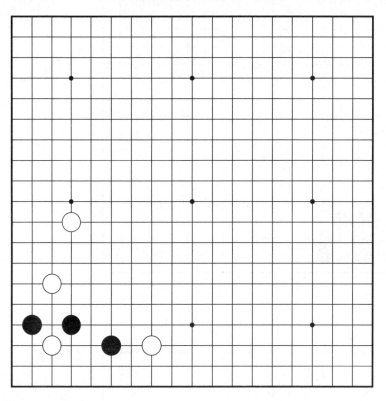

问题图　黑先

　　角上的黑棋三子构成好形。白棋胆敢侵入三三，是过分的无理手，黑棋能不能惩而罚之给予痛击？

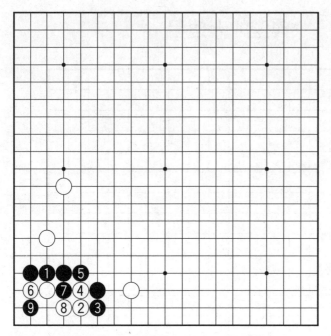

正解

【正解】

黑1、3，不管三七二十一先将白棋封锁在角里。黑7、9是最简单明了的紧气手筋，黑棋大获成功。

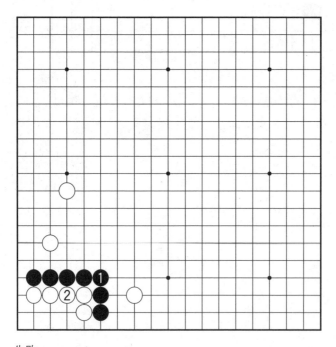

失败

【失败】

正解图的黑7，如果担心自己包围网的毛病而像本图这样黑1补棋的话，断然不可。白2之后成功出棋，黑棋失败。

第五章　尖顶

星位尖顶后的三三①

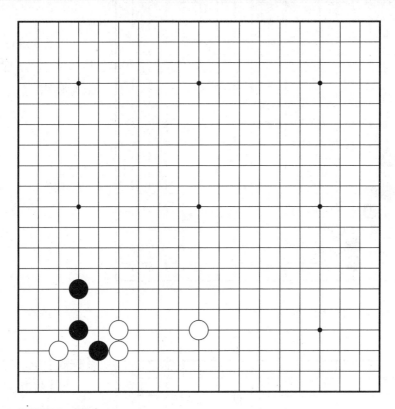

问题图　黑先

这个点三三在实战中经常出现。

让我们来学习一下都有什么样的形状和变化。下围棋一定要统揽全局。但是，如果不能在一定程度上了解局部的形状和变化，当你在对全局进行判断的时候，就很难得出正确的结论。所以，我们首先要掌握这种局部的基础知识。

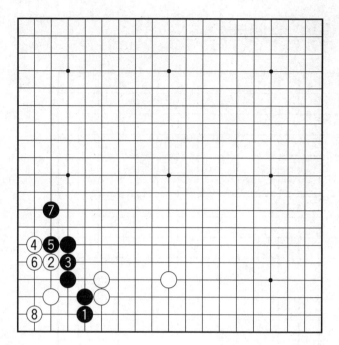

正解

【正解】

黑1的立下是第一感。

接下来进行到黑7是基本定式，请一定掌握本图的变化。

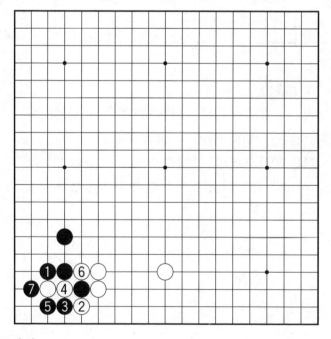

失败

【失败】

黑1挡住是有些消极的下法。接下来黑3、5虽然守住了角上，却被白棋先手提掉一子。本图的变化是黑棋不满的局面。

针对脱先

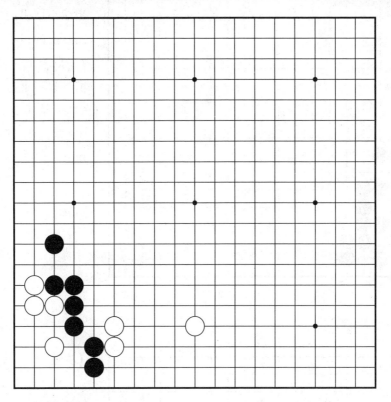

问题图　黑先

上一个问题的正解图中，白棋不在角上补棋而是脱先他投抢占大场，这个场合下，黑棋应该如何行棋呢？

可以将角上的白棋全部吃掉。

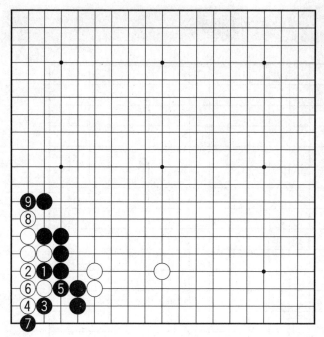

正解

【正解】

黑1开始，一步一步缩小白棋的空间。二线上的棋子必须在7个以上时才能够活棋。本图中白子只有6个，结果是白棋全体被吃，黑棋大获成功。

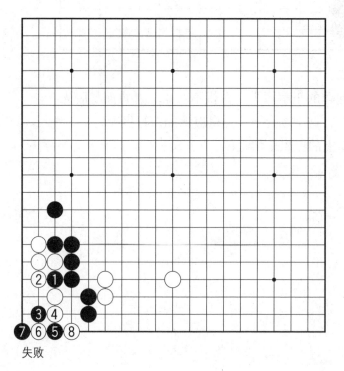

失败

【失败】

黑3点进去这手棋，看上去似乎是好手，黑5之后，白6是手筋。结果形成打劫，黑棋失败。

星位尖顶后的三三②

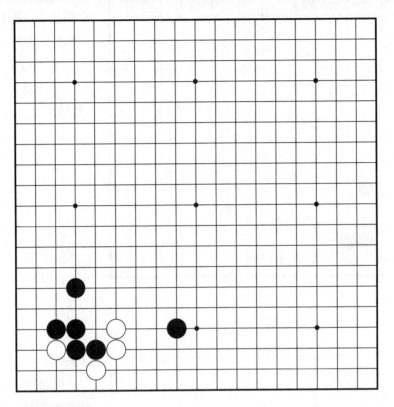

问题图 白先

这个图形也是尖顶后点三三的一个变化，白棋在这里有不易察觉的好手。需要注意的是，切忌形成笨重的棋形。

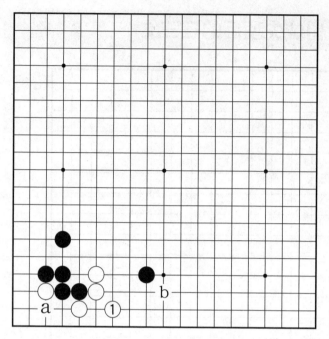

正解

白1虎是极其漂亮的一手，接下来a、b两点见合，必得其一。有了这手棋，白棋一下子就得到了腾挪的好形。

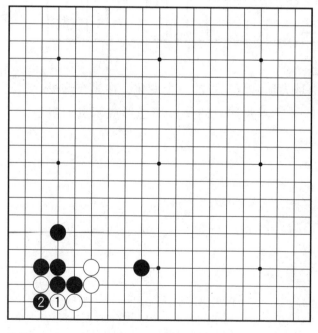

失败

【失败】

白1的爬是下意识地很想下的一手，但是，结果如本图，白棋的腾挪形状笨重，不能满意。

星位尖顶后的三三③团的对策

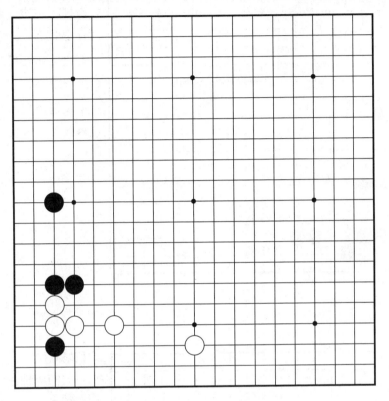

问题图　黑先

　　黑棋点三三后，白棋不在乎愚形三角团了一个，这种场合下，黑棋的好手在哪里呢?

　　白棋的这手棋很不好对付，切忌疏忽大意。

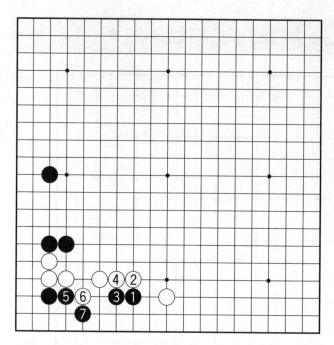

正解

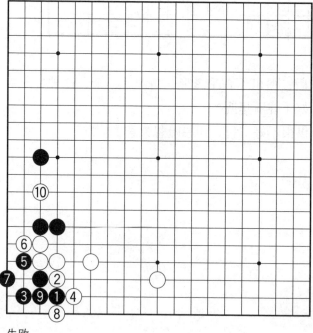

失败

【正解】

这里推荐的一手是打入左边，而不是直接出动。如果白2从上边压住，黑3、5的组合拳是好手。黑棋不仅是活形，而且还得到极大的实地，十分满意。

【失败】

黑1立即出动往往适得其反，大多数情况下结果都不会好。黑棋虽然在角上得以活棋，却成为裂形，被白10打入后，成为黑棋不满的局面。

最顽强的抵抗

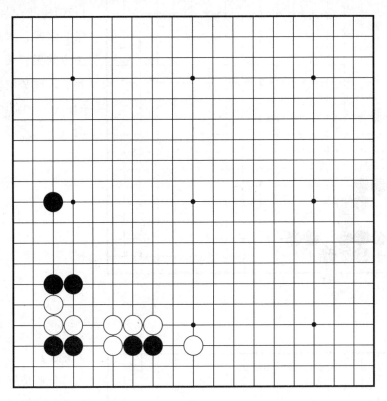

问题图　黑先

　　前面正解图的白6，如果像本图这样拐下挡住，黑棋
看上去似乎有些为难的样子，其实，这里有漂亮的手筋。

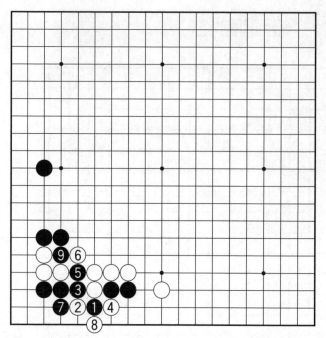

正解

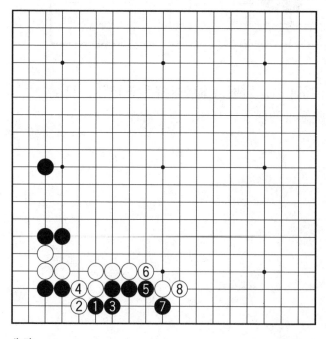

失败

【正解】

黑1扳是好手。当白2挡住进一步分断黑棋的时候,黑3、5将左边的黑棋两子作为弃子,顺势吃掉角上的白棋,黑棋大获成功。

【失败】

本来是好手的黑1,因为黑3的粘而成为裂形,是坏棋。结果是黑棋活得很小,苦不堪言。

星位尖顶后的三三④

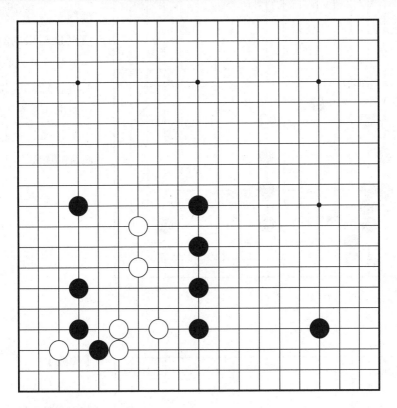

问题图　黑先

这次的问题图虽然变得很大，不过，此刻局面的中心还是左下白棋点进三三。我们能不能从现在开始计算出后面几手棋的变化呢？

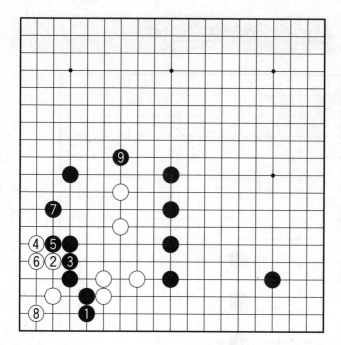

正解

【正解】

黑1的分断是最关键的一手。当外侧的白棋是弱棋的时候,一定要从黑1的立下开始进行计算、思考。让白棋活在角上,黑9当头一镇,这是黑棋满意的局面。

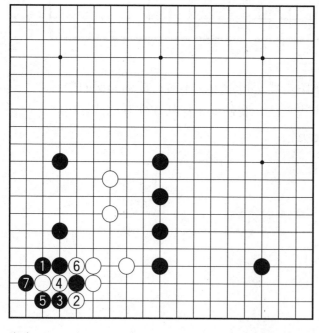

失败

【失败】

黑1是消极的一手,失败。白2的扳成为先手,仅此就令黑棋十分难受。就本图的棋形来说,不管对手有多强,都要避免下成这样的局面。

星位尖顶后的三三⑤

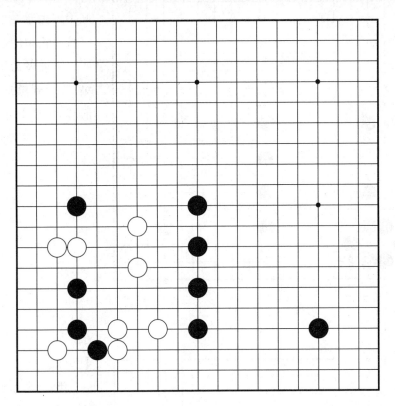

问题图　黑先

　　本图这样的局面，白棋点进三三后，黑棋应该如何应对为好呢？围棋没有一成不变的好手，都是要根据周围的形状进行判断后选择最佳的应对。这次的情况是周围白棋很多，我们要从黑棋的立场出发去认真思考。

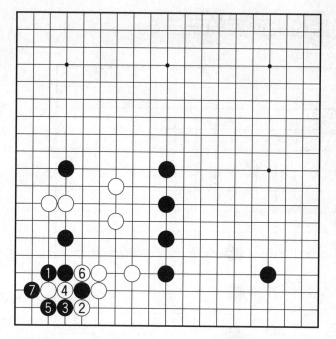

正解

【正解】

　　黑1坚实的防守是好手。由于左下的黑棋被白棋包围起来，所以不能发力用强。黑1开始到黑7，确保活形是正常分寸。

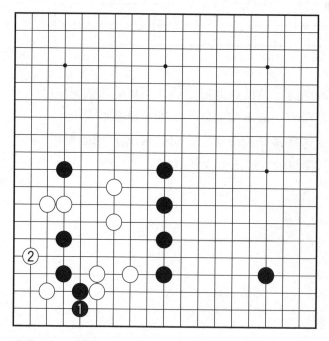

失败

【失败】

　　黑1的分断是攻击的手法，此刻是过分了。被白2飞了一手之后，黑棋到哪里去找两只眼呢？黑棋失败。

星位尖顶后的三三⑥

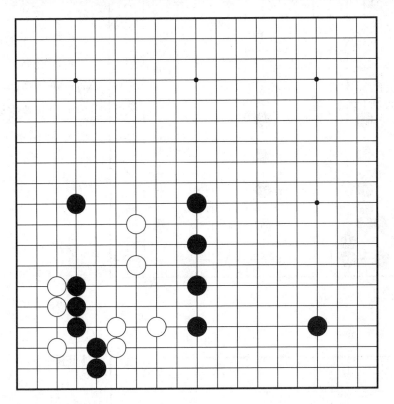

问题图 黑先

本图左下的形状是由定式变化而成的，是上手经常使用的战法之一。

我们来看看都会形成什么样的形状。

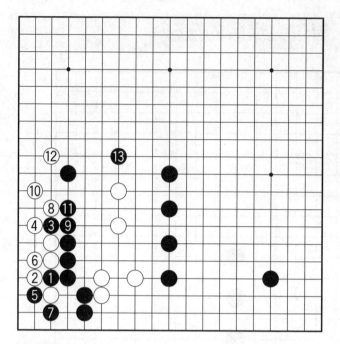

正解1

【正解1】

　黑1冲，黑3扳，好手。

　黑3以下的进行，黑棋不仅得到了角上的实地，还能够抢占到黑13的攻击好点，这是黑棋满意的局面。

【正解2】

　这里，黑5的连扳也是有力的手段。

　虽然让白8跳出，但黑9、11是很愉快的先手官子。本图的变化也是可以考虑的。

正解2

不易察觉的急所

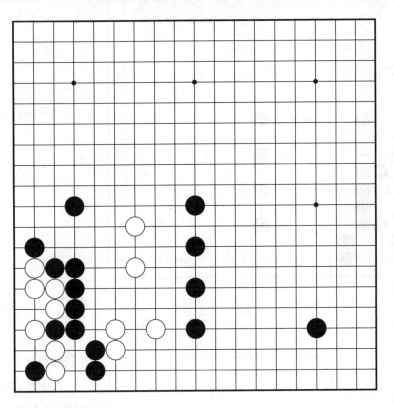

问题图　黑先

这是前面问题图正解2的变化图。白棋立下分断的时候，黑棋备有手筋，可以进行反击。

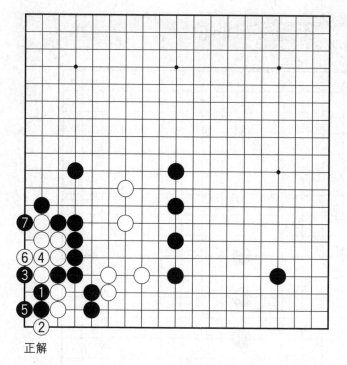

正解

【正解】

黑1断，发动进攻，结果是形成劫争。因为是黑棋的无忧劫，一般来说是白棋承受不起的局面，黑棋大获成功。

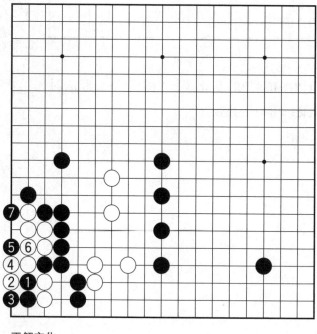

正解变化

【正解变化】

对于黑1的断，白2的扳也无济于事。黑5、7对杀快一气。

本图白棋崩溃。

星位尖顶后的三三⑦

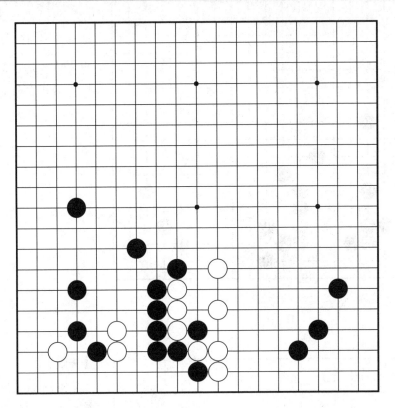

问题图　黑先

现在的局面下，对于白棋的点三三，又应该如何应对呢？相似的问题接连不断，这都是为了让大家能够彻底了解"三三"的特性，这样在今后的对局中就没有什么担心的必要了。

这个三三多少有些无理手的味道，机会来了。

【正解】

本图的黑1是正解。当白棋是非常弱的场合，即使白2扳，也无法活棋。黑棋可以将白棋全歼，大功告成。

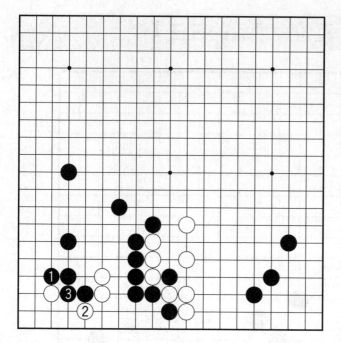

正解

【失败】

本图如果照本宣科按定式下的话则是失败。如图白棋活在了角上，黑棋巨大的实地化为乌有。

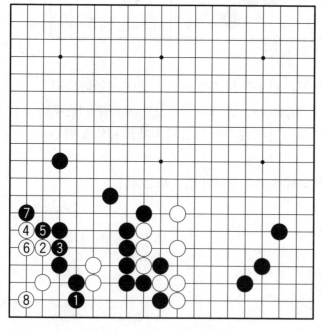

失败

蛮干的一手

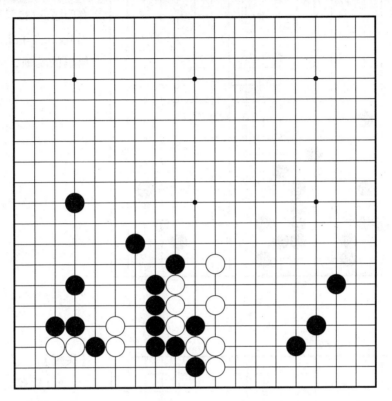

问题图　黑先

　　前图的变化。希望能够计算清楚将白棋全部吃住。

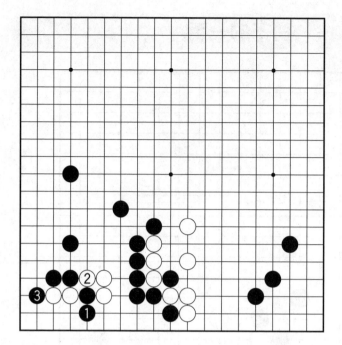

正解

【正解】

黑1分断白棋，没有问题。白2只能断，黑3扳，左下全部成为黑棋的实地，大获成功。

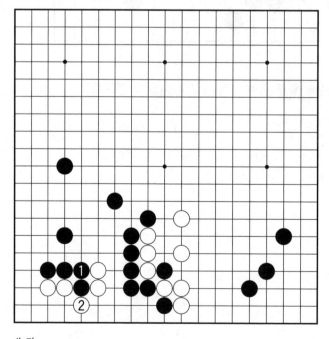

失败

【失败】

黑1软弱。白2之后就很难吃掉全部白棋了。这是黑棋不满的进行。

星位尖顶后的三三⑧

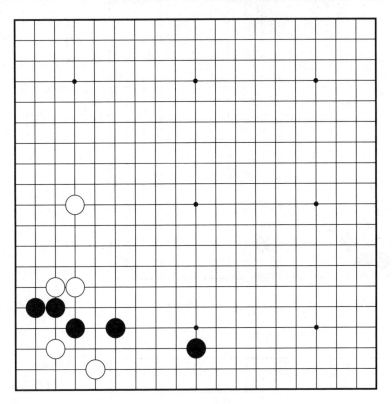

问题图　黑先

　　白棋在这里没有按照定式的下法行棋，而是飞了一手。

　　如果事先不知道如何对付这手棋，也许不太容易发现正确的招法。让我们把这道题当作实战认真地思考一下吧。

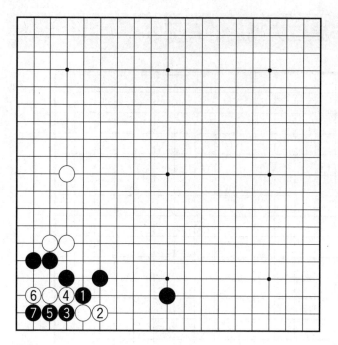

正解

【正解】

黑1尖是急所。对于白2的长出，黑棋与其对杀可以胜出。白2如果下在3位，黑棋在2位挡住，让白棋活在角上，黑棋成功。

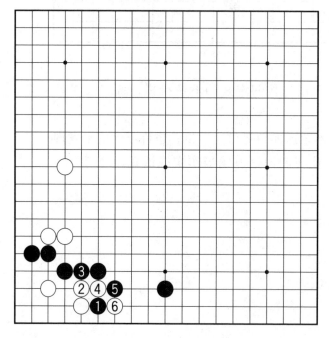

失败

【失败】

黑1靠下封住是过分的一手。白2双刺，黑棋难受。进行到白6，白棋活得很大，黑棋不满。

星位尖顶后的三三⑨

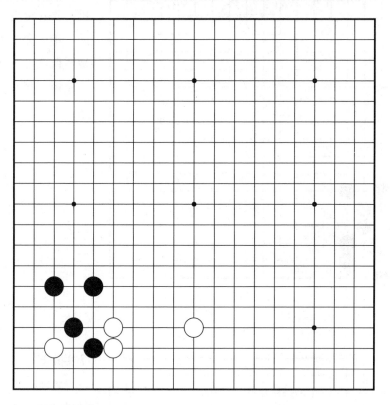

问题图　黑先

　　这个"三三"是无理手。精确无误地惩罚其过分的下法必将大有所得。如果能够让这个"三三"欲哭无泪，那么，这一课程我们就可以毕业了。

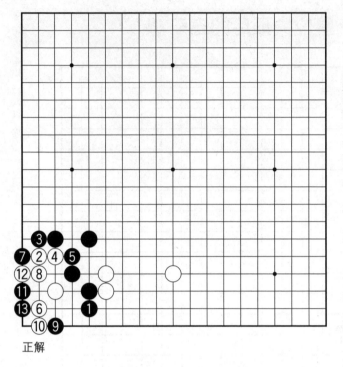

正解

【正解】

黑1立下，意在吃棋。黑9的飞是关键的一手。角上的白棋被不留余味地干干净净吃掉，黑棋大获成功。

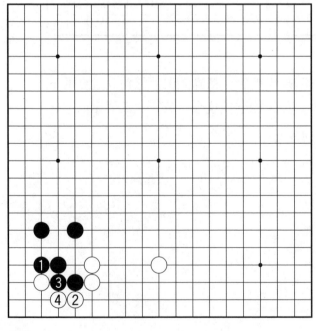

失败

【失败】

黑1软弱。白2、4钻进角里，黑棋实地大减。

官子阶段的常见手筋

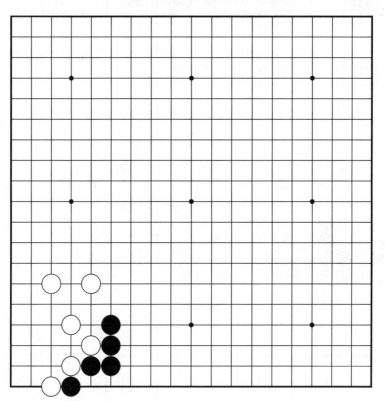

问题图　黑先

黑1在一线扳，白2挡住的棋形。

黑棋的机会来了。

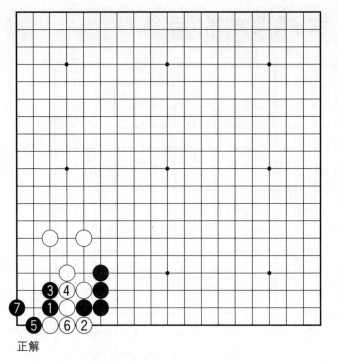

正解

【正解】

　　黑1可以断。黑3、5、7，用不多的棋子漂亮地做出了两只眼。黑棋成功。

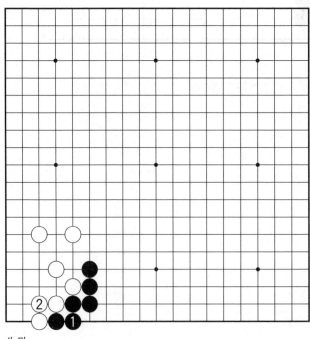

失败

【失败】

　　黑1粘住，看上去是很自然的一手，但是，在这种场合下却是追究的力度不够。这种手筋在实战中经常出现，请一定掌握。

星位尖顶后的三三⑩

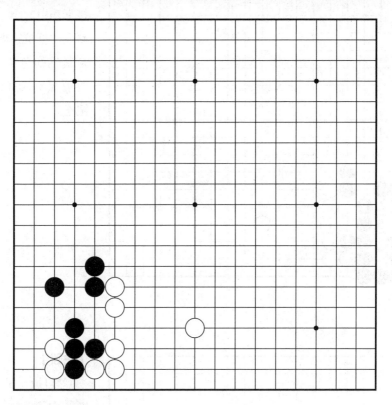

问题图 黑先

　　本图也是白棋下出无理手，希望在角上活棋的棋形。各种各样的死活题，都是在实战中常见的棋形，希望大家能够掌握。

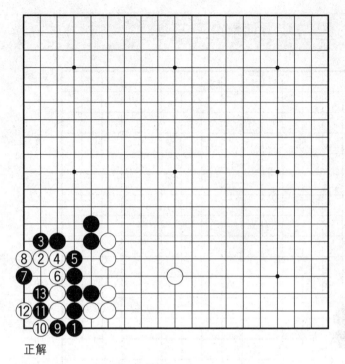

正解

【正解】

黑1分断是强手。接下来白2、4、6进行顽强的抵抗，黑7点入是紧气的急所。白棋两边都不入气，全部被吃。

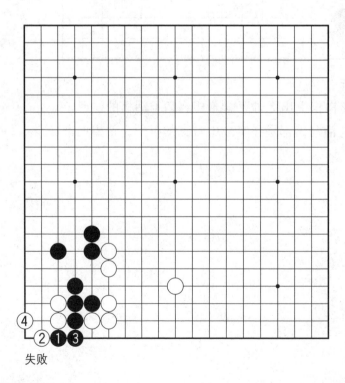

失败

【失败】

黑1扳，虽然也分断了白棋，却不是好棋。

白2、4可以占据角上的急所，两个"2·1位"。黑棋失败。

实战中常见的死活题

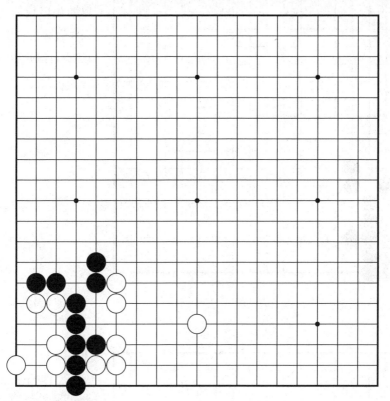

问题图 黑先

前面正解图中的白6，如本图这样的下法，黑棋可以吃掉白棋吗？

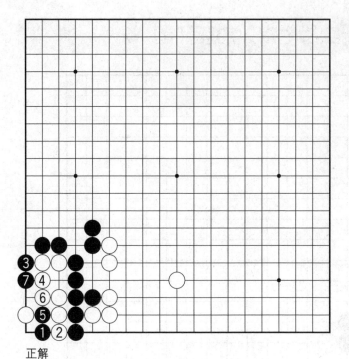

正解

【正解】

黑1是急所。从容地缩小白棋的空间使其没有眼位。黑3下在4位也可以吃掉白棋。

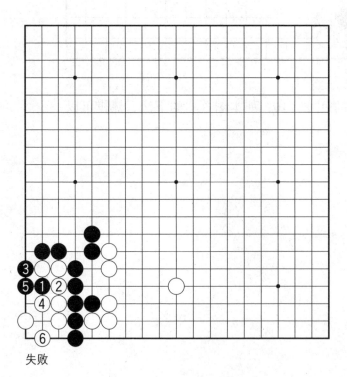

失败

【失败】

黑1以下的招法不能成立。黑3虽然可以渡过,白6做出了两只眼。黑1是不自觉地很想下的地方,需要注意。

注意形成打劫

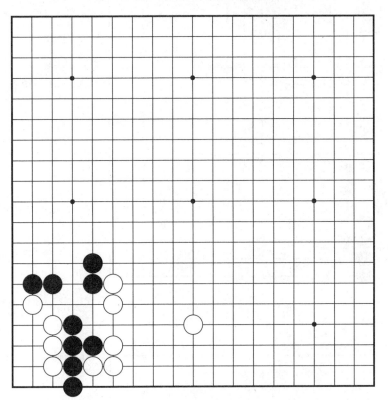

问题图 黑先

差不多一样的死活题接连不断，大家可能会有些累了吧，请再坚持一下。角上的黑棋面对无理手，现在如何确保实地呢？无条件吃掉白棋，让我们下出令对手瞠目结舌的招法来吧！

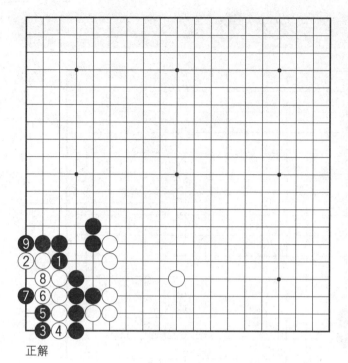

正解

【正解】

黑1稍有难度，是不易察觉的急所。白2试图做劫抵抗，黑3是紧气的好手，以下吃住白棋，黑棋大获成功。

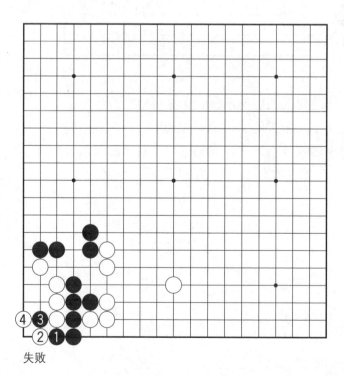

失败

【失败】

黑1、3是很容易就浮现在脑海中的招法，但是，白棋有白4做劫顽强抵抗的手段，黑棋不能满意。

最后的变化

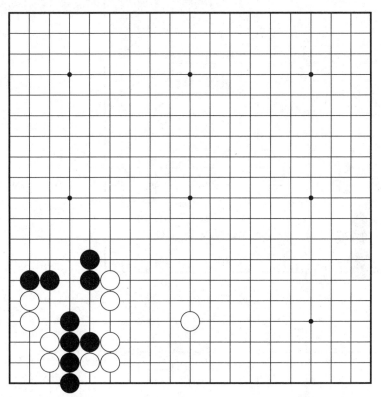

问题图　黑先

　　这是这个棋形的最后变化。这些都是可以应用在实战中的死活题，也是频繁出现的棋形，我们利用这个机会将它们集中起来一起学习。如果一开始觉得有困难，只要记住第一手就可以了。正解不止一个。

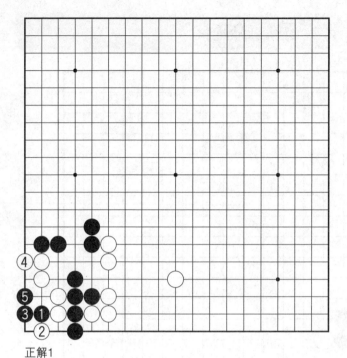

正解1

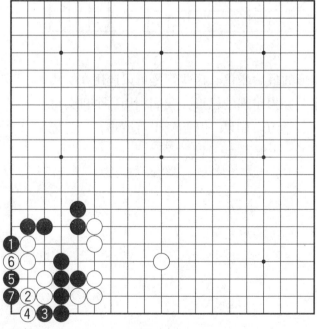

正解2

【正解1】

黑1是急所。接下来黑3重要，避免白棋做劫抵抗。黑5是中手，白棋被吃。

【正解2】

黑1的扳也是正解。缩小白棋做眼的空间，这是角上杀棋的急所的基本形，也可以吃掉白棋。

外面缓气的场合

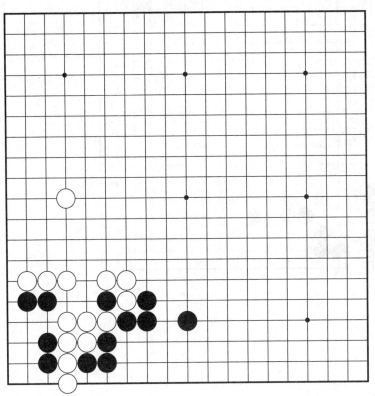

问题图　黑先

这回的问题图，和之前的不同，外面多了一气。让我
们思考一下，怎么下才能够在角上活棋呢?

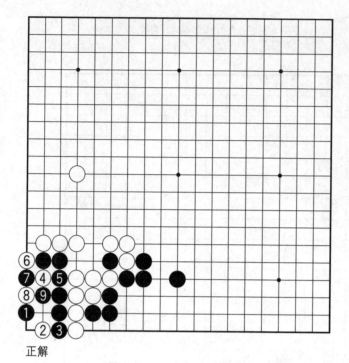

正解

　　黑1跳是正解。黑7是手筋，让白棋成为接不归的棋形。白4如果在6位扳，黑7挡住，结果是还原了本图。

腾挪之形

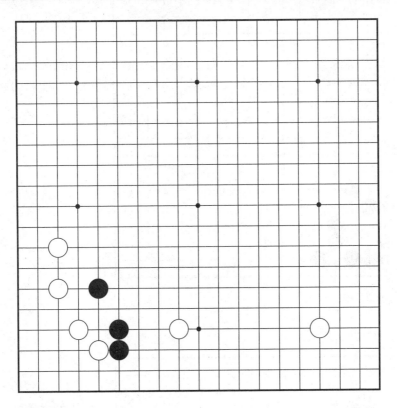

问题图　黑先

黑棋看上去好像没根的浮萍般飘摇，无依无靠，其实这里有腾挪整形的手段。这是实战中常用的技巧。

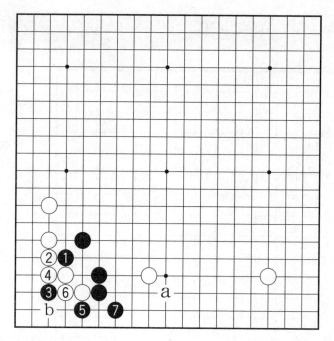

正解

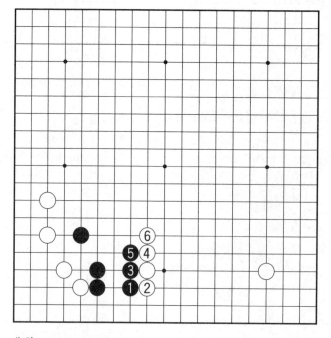

失败

【正解】

黑1先手便宜一下之后，黑3的点三三是手筋。黑5、7之后，a、b两处见合，必得其一，黑棋得到腾挪之形。

【失败】

黑1这样的下法，虽然可以活棋，却将下边的白棋撞厚，强化了白棋的模样。本图是黑棋的失败图。

角上是黑地还是白地？

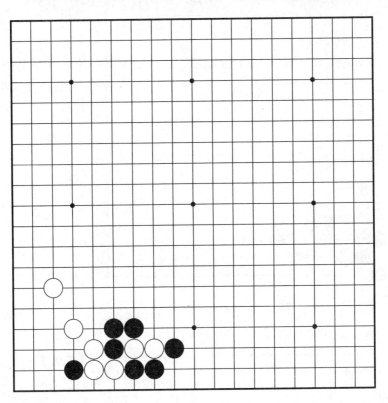

问题图 黑先

这样的形状，黑棋在角上能活棋吗？

这种地方，具有相关的知识，可以说是和胜负有着直接的联系。

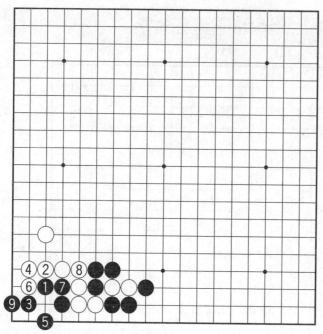

正解

【正解】

黑1走三三就可以活棋。黑3是手筋，黑7借用先手之利是要点。黑棋成功活棋。白2这手棋如果在4位抵抗，解说且见下一个问题。

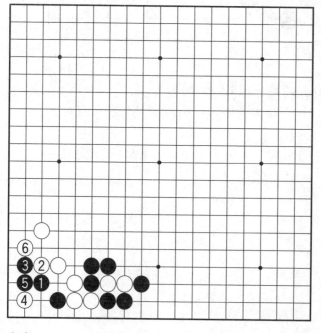

失败

【失败】

正解图的黑3如果像本图中黑3这样扳一手，不是好棋。白4点在急所，黑棋则是无法活棋的形状。

变化

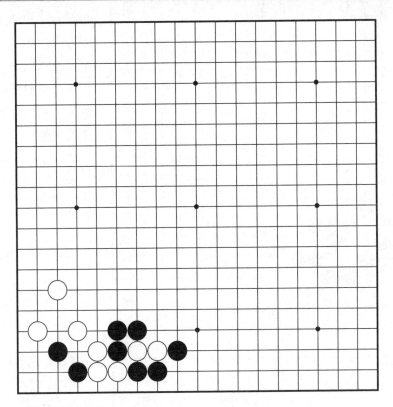

问题图 黑先

前面问题的继续。在白棋前来灭眼试图吃棋的场合下，黑棋要抓住白棋的缺陷进行反击。

到底有什么样的腾挪手段呢?

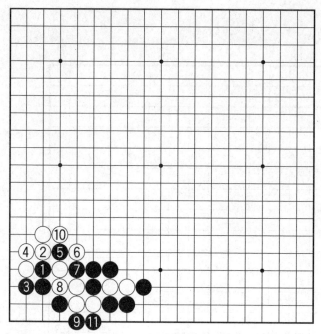

正解

【正解】

黑1、3试应手。白棋竭尽全力试图吃棋，白4粘住灭眼的时候，黑5是手筋。以下白棋被滚打成饼，黑棋在下面的一线渡过取得联络。

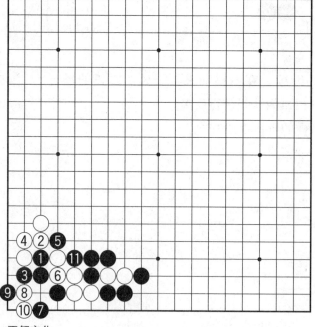

正解变化

【正解变化】

白6进行抵抗，阻止黑棋联络的场合，黑7是冷静的一手。如果白棋不肯善罢甘休，白8依旧硬来吃棋的话，进行到黑11，白棋一团反而被吃。

第六章　小目

小目小飞缔角的靠三三

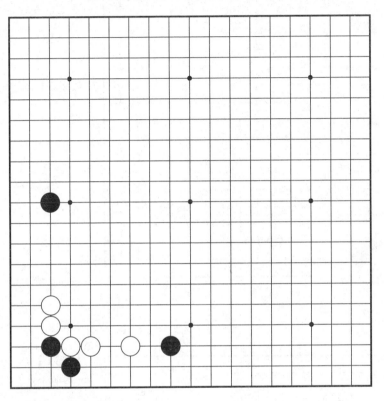

问题图 黑先

　　星位的三三我们已经很熟悉了，而对小目的靠三三也是常用的有力手段。

　　在这个白棋将黑棋封锁在里面试图吃棋的场合下，黑棋是有活棋手段的。

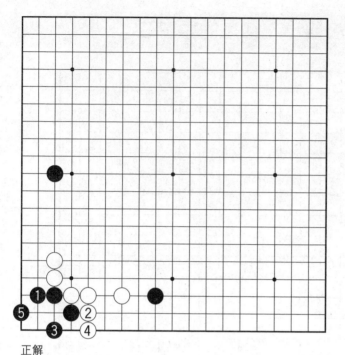

正解

【正解】

黑1立，活棋。棋子虽然不多，对于白2，黑3虎一个就可以了。白4、黑5，请确认黑棋已经活透。

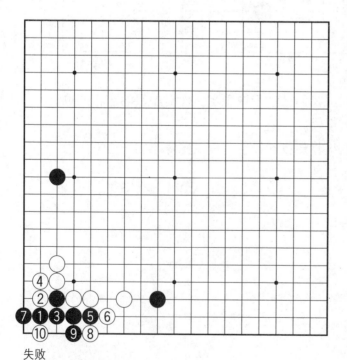

失败

【失败】

黑1的虎不好，做活的空间不够。白2开始逐步缩小眼位，结果是黑棋被吃。这是黑棋的失败图。

变化

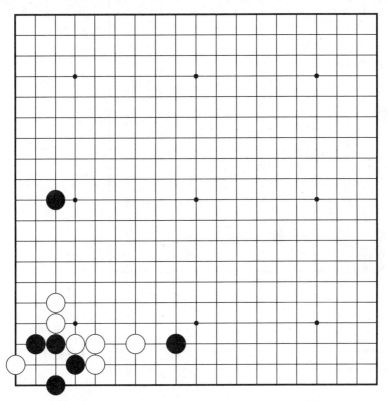

问题图　黑先

　　前面问题的变化图。白棋点在"2·1位"试图吃棋时怎么办? 需要注意的是, 避免成为打劫活。

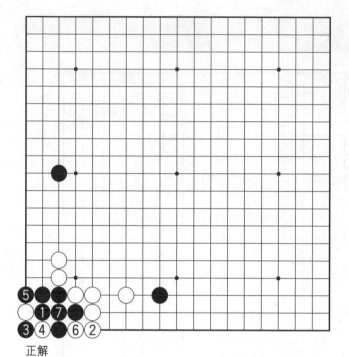

正解

【正解】

黑1之后白2立下之际，黑3是不易察觉的手筋。进行到黑7，白棋成为胀死牛的棋形，黑棋净活。

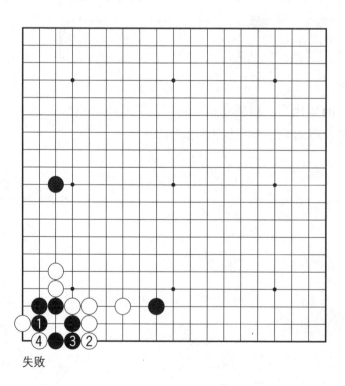

失败

【失败】

对于白2，黑3不行。

白4可以抛劫，结果形成劫争。

小目小飞缔角的靠三三后下扳

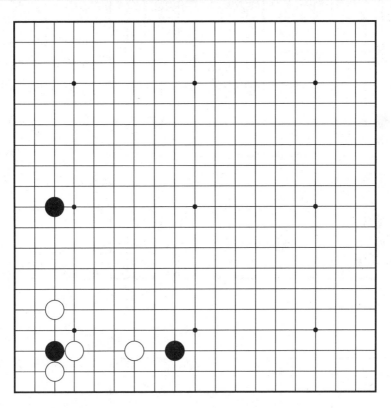

问题图　黑先

　　左下靠三三之际，白棋从下面扳了一手。

　　预想图应该是怎样的呢?

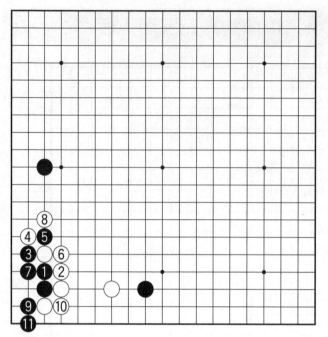

正解

【正解】

黑1顶的手段可以成立。以下进行到黑11，黑棋成功地活在了角里。黑5的引征也为今后留下了狙击手段。

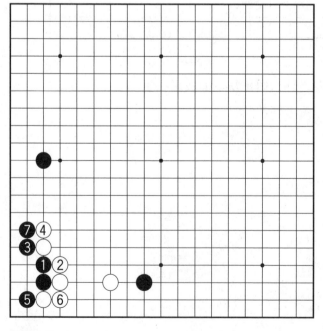

正解变化

【正解变化】

白2如果长，黑5扳，黑7爬。在获取角上实地的同时，还在边上出头，是黑棋满意的局面。

小目小飞缔角的靠三三后上长

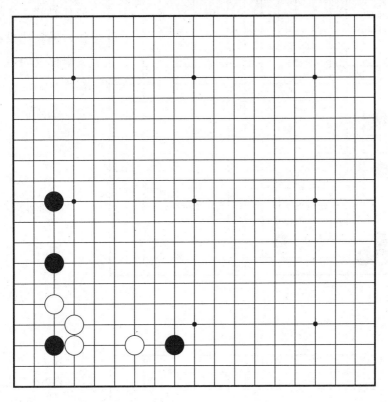

问题图　黑先

在白棋上长的场合，首先考虑到这个局面下左边黑棋有一个二间拆。黑棋在角上有着什么样的手段呢?

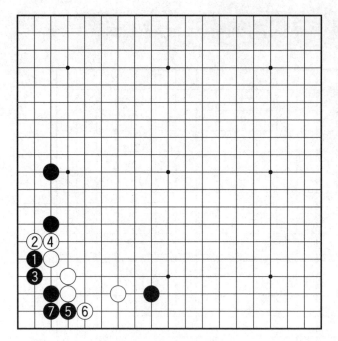

正解

【正解】

黑1的托是手筋。即便被白2以下封锁住，黑5、7扳粘，扩大眼位空间后可以活棋。

这是黑棋满意的局面。

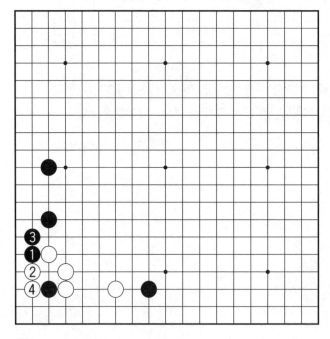

变化

【变化】

白2的下法是为了守住角上实地，这时黑3就成为先手官子，黑棋满意，然后可以去抢占其他要点。

小目一间缔角的三三

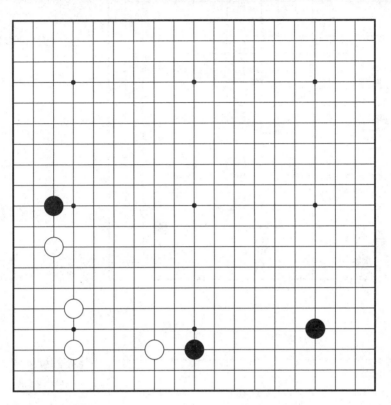

问题图　黑先

　　对于小目一间缔角，三三的靠也依然是有力的试应
手。请思考一下这之后的变化。

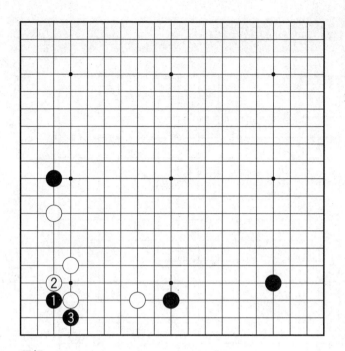

正解

【正解】

　　黑1的三三是有力的一手。白2的话，黑3扳，继续试应手。

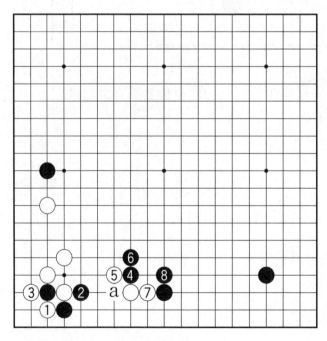

正解续

【正解续】

　　白1断吃，黑2反打之后，以下进行到黑8，黑棋在下边扩展模样。因为有了黑2这手棋，让白棋留下了a位的弱点。白1如果下在2位，黑棋3位可以活棋。

小目大飞缔角的三三

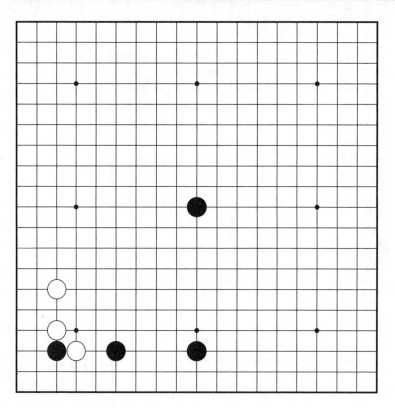

问题图　黑先

　　对于小目大飞缔角来说，三三的狙击也是严厉的一手。特别是下边有逼拆的时候更加有力。会发生什么样的变化呢？征子成立的时候有特别严厉的一手。

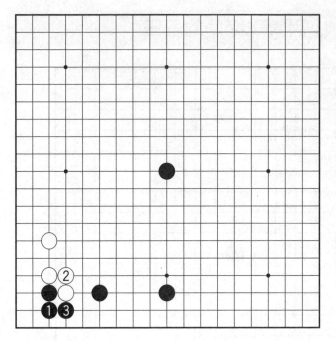

正解

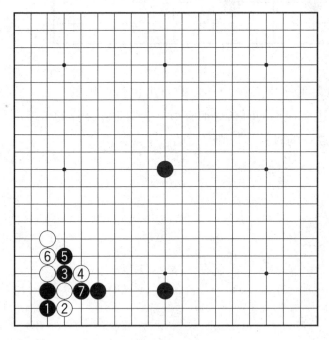

变化

【正解】

黑1立是严厉的一手。白2粘住，黑3拐，破掉了白棋角上的实空，棋形完整，黑棋成功。

【变化】

对于黑1，白2也立下挡住的话，被黑3断，白棋为难。征子有利时，黑棋大获成功。

小目大飞缔角

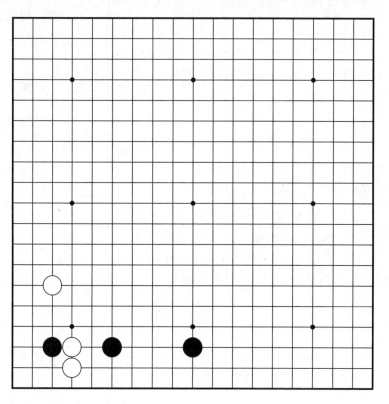

问题图　黑先

　　白棋立下是顽强的抵抗，黑棋的三三一子又该如何腾
挪整形呢?

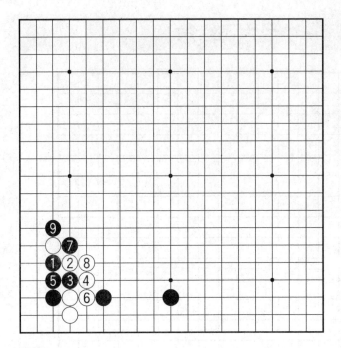

正解

【正解】

黑1碰是手筋。黑3、5给白棋的棋形制造出多处毛病。黑9抱吃左边白棋一子，黑棋大获成功。

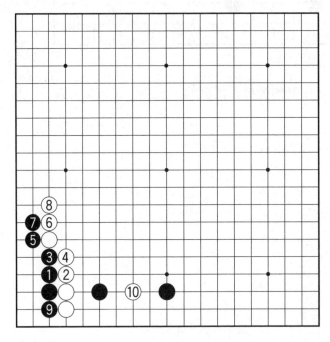

失败

【失败】

黑1的长，是掏取角上实地的手法，虽然可以考虑这样下，但是结果却让白棋得到了极好的形状，随后白10打入严厉。这是黑棋没有抓住机会的局面。

小目大飞缔角、上长

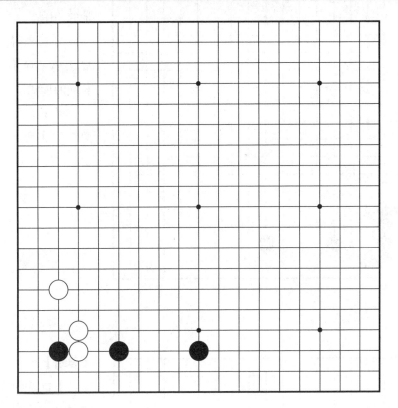

问题图　黑先

现在回到我们已经看到过的这个棋形。

就当作是复习吧，我们预想一下几手之后的形状。

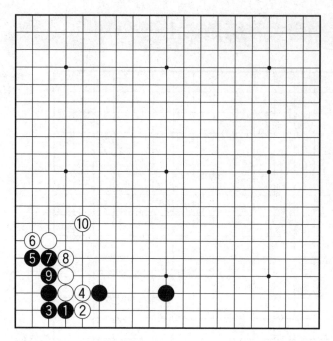

正解

【正解】

黑1扳是确保根据地的一手。

结果是得到了和星位小飞缔角的三三相同的形状。

黑棋先手夺取了角上的实地，大获成功。

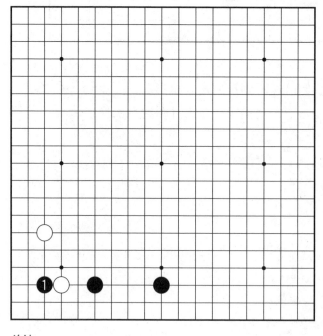

总结

【总结】

小目缔角（小飞缔角和大飞缔角）虽然是在角上花费了两手棋的结构，但当周围有了对方的棋子时，就产生出侵入的手段。一旦我们知道了这一点，就可以勇敢地在实战中去挑战、尝试，这是非常重要的。

击破侵入缔角的无理手

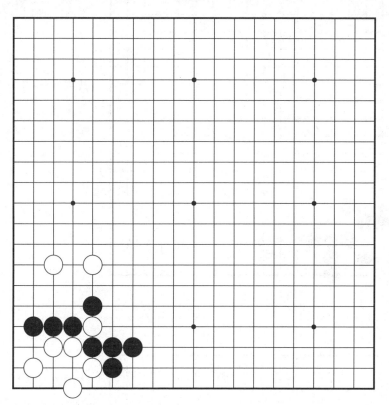

问题图　黑先

提高水平的捷径就是尽量多做实战中经常出现的死活题。

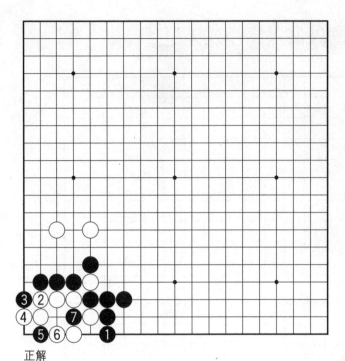

正解

黑1的立下是稍微有点难以发现的手筋。

除了这手棋之外其他任何招法都不能无条件吃住白棋。让我们反复解答这道题，直到烙印在头脑里。

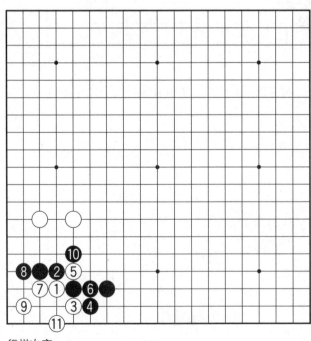

行棋次序

【行棋次序】

问题图的行棋次序如图所示。

小目的小飞缔角之后再加上一个一间拆，黑棋理所当然地要守住自己的实地。

击破无理手

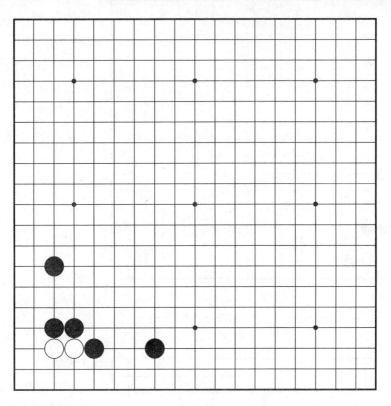

问题图　黑先

　　干净利索地去吃掉白棋。让我们来击退白棋的无理手吧！

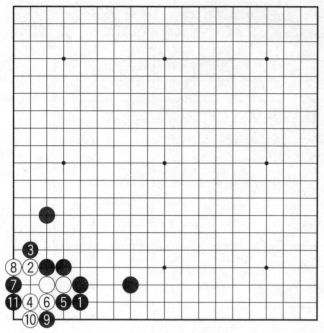

正解

【正解】

黑1立下，干干净净地吃掉了白棋。试举一例，如图是净吃白棋的行棋次序，希望大家多加练习，掌握这个棋形。第一手下在黑5位也成立。

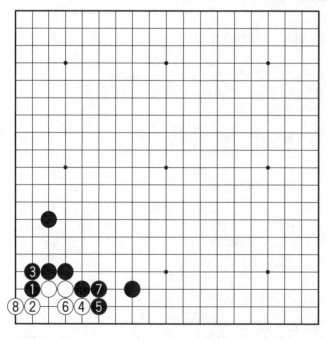

失败

【失败】

黑1扳则会失败。进行到白8，白棋活在了角里。尽管角上的棋子不多，疏忽大意的话，对方马上就能活棋，一定要注意。

无条件净吃

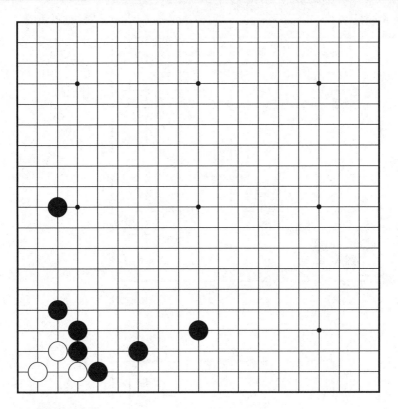

问题图 黑先

这个形状也是上手轻易不肯放弃的常用手段。让我们无条件地吃住白棋吧!

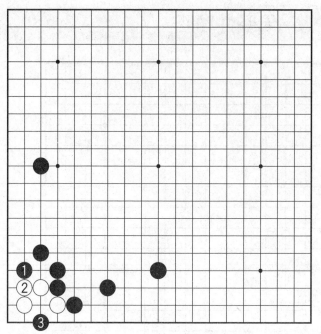

正解

【正解】

黑1从容地缩小白棋的眼位是正确的下法。黑3点杀,可以不留余味地干干净净吃住白棋。

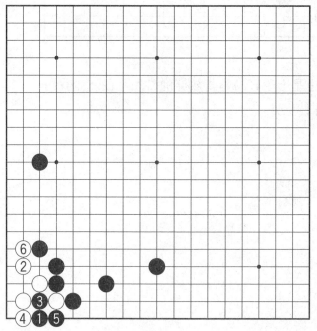

失败

【失败】

一上来就点杀不是好棋。白2可以顽强抵抗。进行到白6,白棋活棋,黑棋失败。

复杂的变化

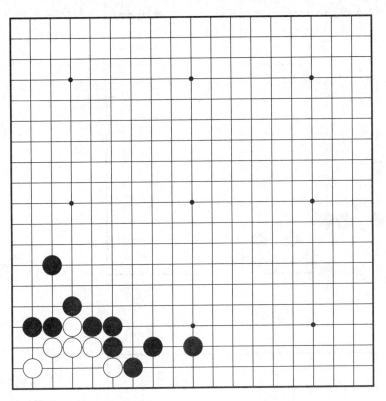

问题图　黑先

　　看上去虽然是很狭小的地方，但是要想无条件吃住白棋的话，还真是一道难题。计算力当然非常重要，不过，在此之前还是让我们先来掌握一下关于这个形状的知识吧。

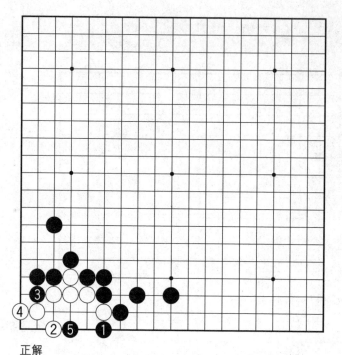

正解

【正解】

黑1在下面一线打吃是不易察觉的急所。黑5的一靠，灭掉了边上的一眼，白棋被全歼，黑棋大获成功。

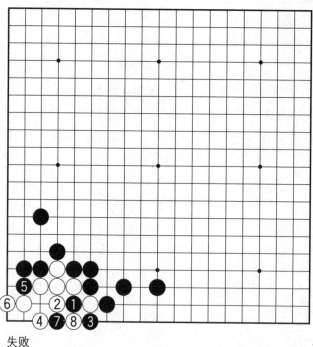

失败

【失败】

黑1很想去打拔一子，但是如此一来就不可能无条件净吃白棋了。在黑棋子力如此之多的地方出现打劫，这是黑棋不满的变化。

实战中常见的死活题①

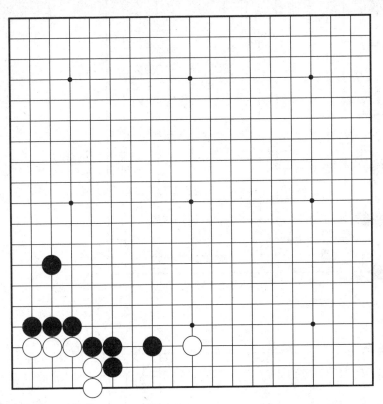

问题图 黑先

这个棋形在实战中出现的频率已经令人生厌。

哪怕是只记住最后的结论，也希望大家掌握这个棋形。

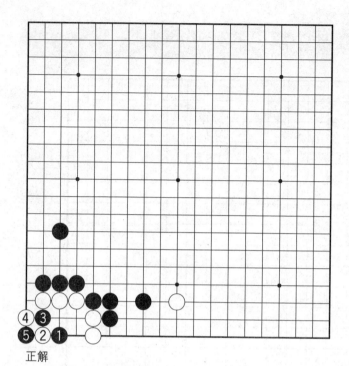

正解

黑1以下形成打劫。还有其他的打劫手段，这里只要记住这个形状就可以了。

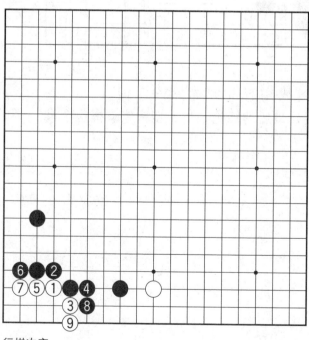

行棋次序

【行棋次序】

问题图的行棋次序。白9最佳，仅此一手。其他变化且在下一个问题分解。

实战中常见的死活题②

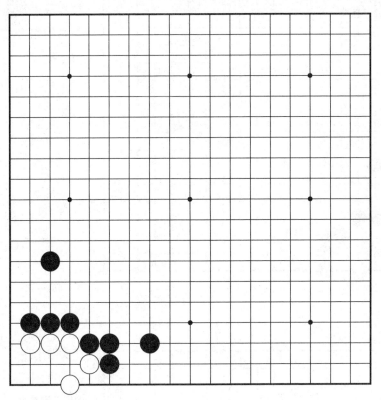

问题图　黑先

　　对于这道题，我的推荐是与其去花费时间解答，不如马上记住答案。一套自然流畅的组合拳可以将白棋吃掉。

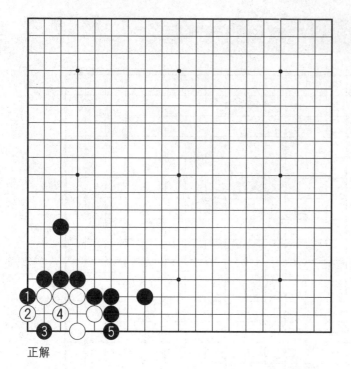

正解

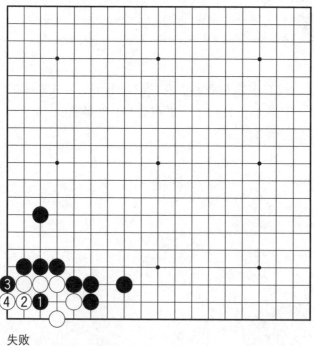

失败

【正解】

黑1、3、5是可以在实战中派上用场的华丽的组合拳，白棋被全歼。

【失败】

黑1内靠失败。白2之后黑棋无计可施。

实战中常见的死活题③

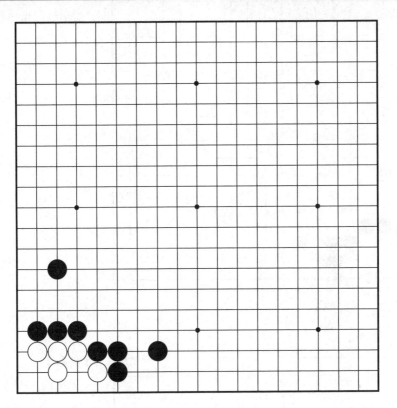

问题图　黑先

　　是打劫，还是无条件净吃呢？运用前面已经掌握的手筋就可以吃掉白棋。

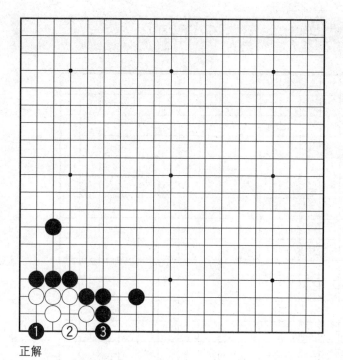

正解

【正解】

黑1点，急所。白2似乎可以做出眼，黑3立下是漂亮的一手，边上就无法做出眼来了。

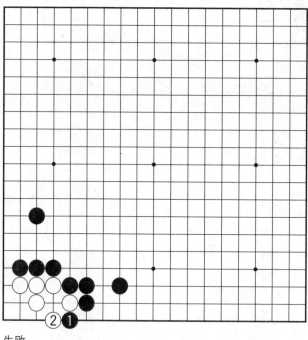

失败

【失败】

黑1打吃，白棋是不肯乖乖粘住的。白2顽强做劫，黑棋失败。

小目一间低夹的托三三定式

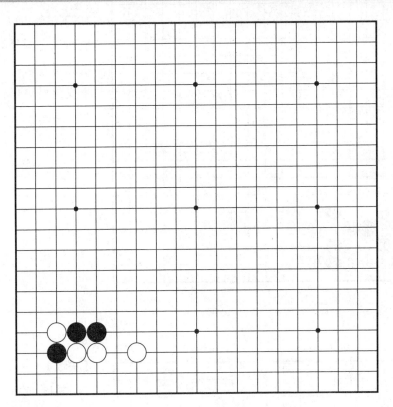

问题图　黑先

这个是从小目衍生出来的代表性定式。

在理解每一手意思的同时，希望大家能够牢牢记住这个棋形。

下一手是问题的关键之所在。

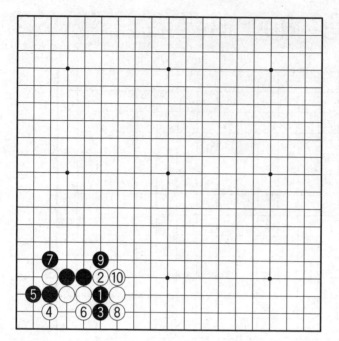

正解

黑1挖是手筋。白2以下虽然可以吃住，取而代之的是黑棋也吃住了左边一子。这个变化对黑棋稍稍有利。

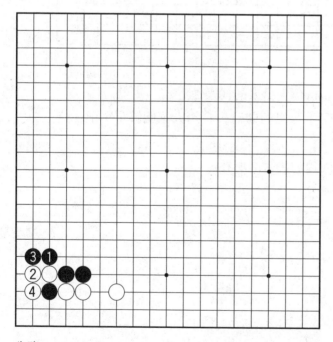

失败

【失败】

黑1打吃弃掉角上是令人可惜的下法。不仅白棋在角上得到了很大的实地，而且黑棋的外势也有毛病。黑棋失败。

变化

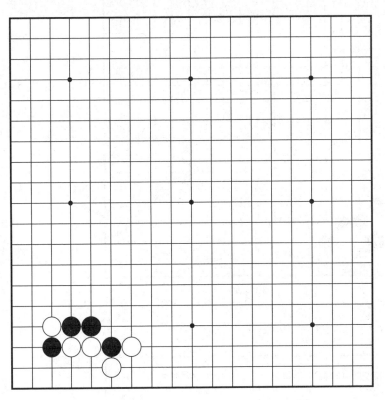

问题图　黑先

　　前面问题的变化图。白棋从下面打吃也是出色的一手。这里，被打吃的黑棋在粘住之前，还有一手更想下的棋。

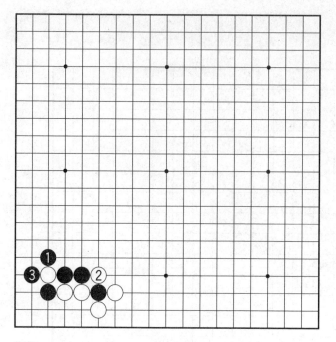

正解

【正解】

　黑1打吃是正解。白2提的话，黑3提掉白子。其结果是虽然黑白双方都很厚实，但是角上成了黑棋的实地，这是黑棋满意的局面。

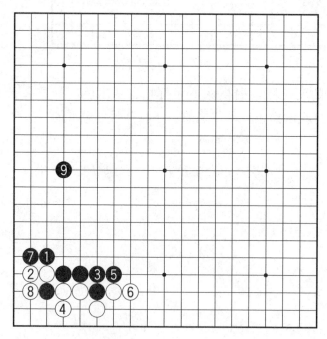

失败

【失败】

　被打吃的白2如果逃出的话，就有可能形成如图的变化。黑9拆开后，在左边构筑了黑棋模样，这样的结果黑棋也没有什么不满。

变招定式的变化研究

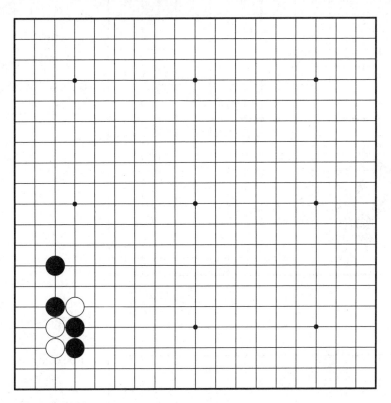

问题图　白先

　　这是一个一眼看上去不知道从何处下手的棋形。就当作是手筋的练习，我们来帮助白棋去寻找最佳的手段吧。

　　（译者注："变招定式"虽然不是一般的定式，但是当对手正确应对后，也是可以得到不相上下的结果的。而骗招则不同，当对手正确应对后，施放骗招的一方就会受到惩罚，蒙受损失。所以，可以说"变招定式"是介乎于定式和骗招之间的非正规定式或偏门定式，和"飞刀"有些类似。）

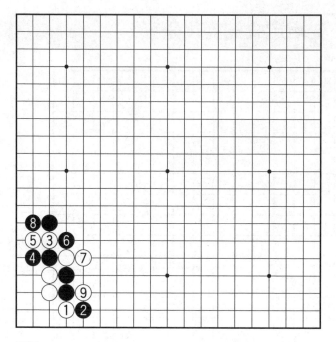

正解

【正解】

白1扳一手之后，白3的挖是手筋。黑6、8如果去吃住白棋二子，那么白9在下边也可以吃住黑棋二子，白棋大获成功。

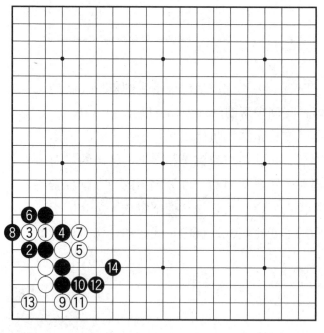

失败

【失败】

白1先在这里动手挖的话，不是好棋。白9扳的时候，黑10曲，可以进行顽强的抵抗。本图白棋在角上活得很小，堪称失败。

征子有利时

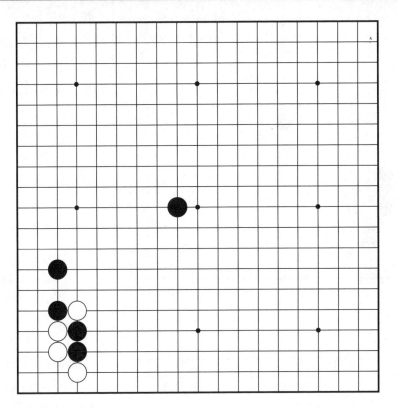

问题图　黑先

　　这是前面问题的继续。这个局面下，对于白棋在下面扳的这手棋，黑棋又应该如何应对呢？当黑棋征子有利的时候，可以说，这是对于黑棋而言的一个非常有力的变招定式。

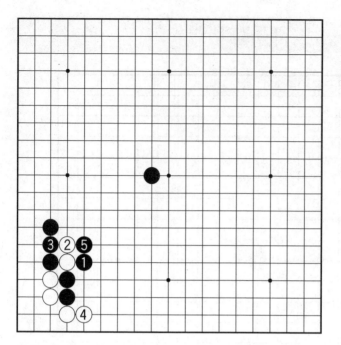

正解

【正解】

黑1打吃一手之后黑3棒接是正解。白4长，活在角上是正常的下法，黑5抱打征吃，这是黑棋满意的形状。

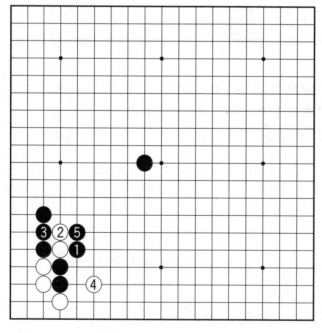

失败

【失败】

正解图的白4如本图这样飞出的话，不是好棋。这是因为当黑棋提掉被黑5征吃的白子时，白棋将不得不在下边补棋。

特殊缔角的三三

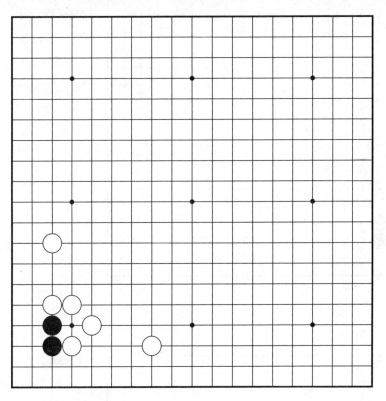

问题图　黑先

　　在特殊缔角的场合下，三三这一点一般来说依然是急所。这个局面下黑棋如何活棋呢?

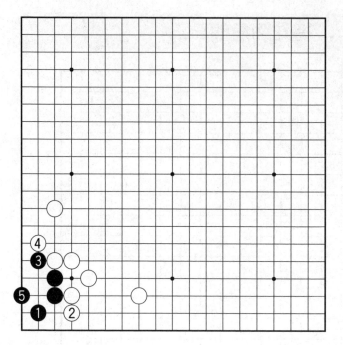

正解

【正解】

黑1尖是手筋。白2是一般分寸，黑3、5的手筋确保了边上的一只眼和角上的一只眼，成功活棋。

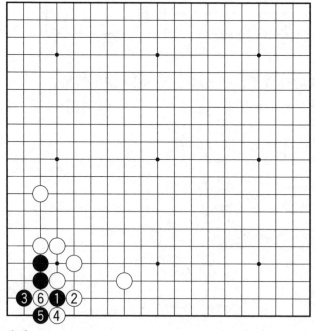

失败

【失败】

黑1、3成为打劫，不得不为活棋而疲于奔命。黑棋失败。

变化

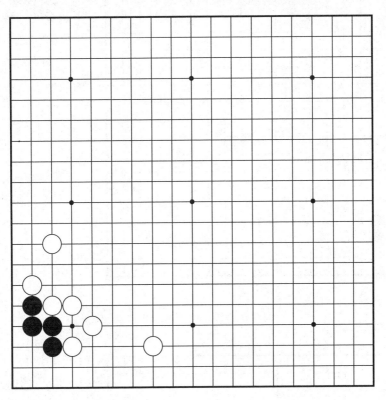

问题图　白先

前面问题图的变化图。由于黑棋下出了问题手，白棋能不能正确地吃住黑棋呢?

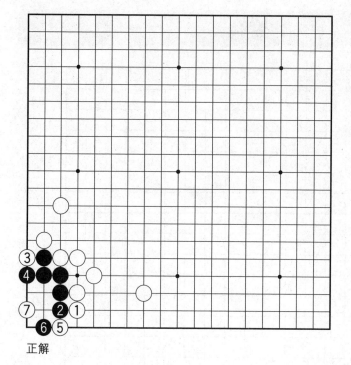

正解

【正解】

白1不慌不忙地立下是手筋。接下来从外面缩小黑棋眼位的空间，白7点在刀把五的急所上，如此一来就可以吃掉黑棋。

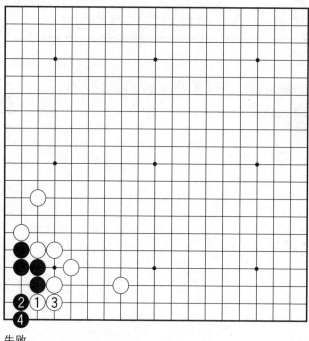

失败

【失败】

实战的时候很容易想到白1的扳，这手棋让黑2得到了虎的好形。黑4立下，在角上净活，白棋失败。

大同小异

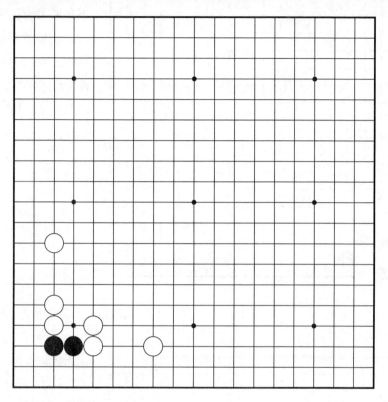

问题图　黑先

　　对于黑棋的点三三，白棋选择了另外的变化。

　　这样，黑棋就有了活棋的可能。不要因为方向发生了变化而被迷惑上当。

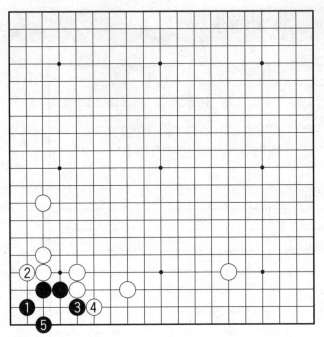

正解

【正解】

黑1的尖是正解。不知道大家注意到没有，这里的手筋是一样的。黑5之后，白棋即使断吃在3位的左边一路，黑3一子立下逃出即可。

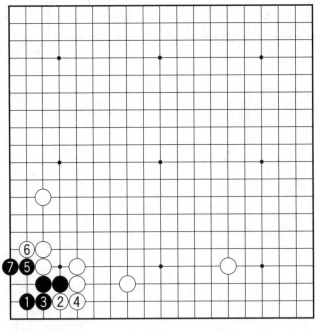

正解变化

【正解变化】

对于黑1，白2改变攻击手法的场合，因为黑棋可以抢到黑5的扳，依然可以活棋。

铭琬缔角的三三

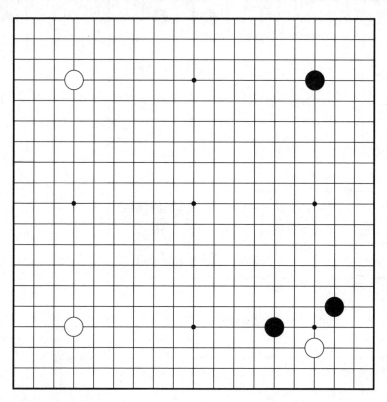

问题图　黑先

　　右下黑棋的缔角方法被称为"铭琬缔角"。

　　这是王铭琬九段喜爱的手法。

　　被点了三三之后，会发生怎样的变化呢？这种布局作战法值得推荐。

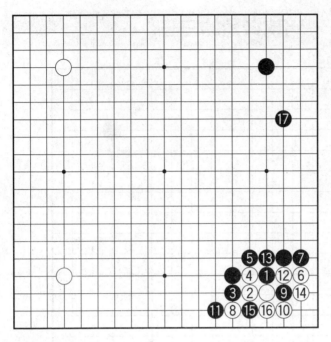

正解

【正解】

　　黑1是值得推荐的一手。先手加强了外壁之后，黑17抢占大场。

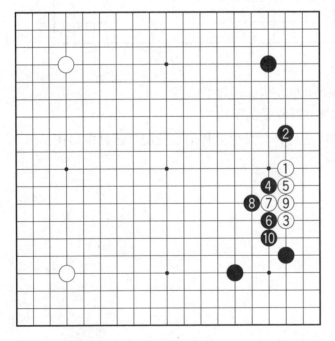

变化

【变化】

　　白1如果在右边分投，以下的战法极其自然地巩固加强了右下角。这是黑棋满意的变化。

阿尔法围棋是如何思考的？

（日）河野临（日）小松英树（日）一力辽　著

苏　胜　译

书号：ISBN 978-7-5591-1467-9

定价：58.00元

· 本书选取阿尔法围棋带有强大冲击力的精彩手
段，展现具体的应对方法。
· 回答问题的是被誉为最努力棋手的河野临九段
和才气逼人的棋手一力辽八段。
· 由小松英树九段作为出题者和其他两位棋手共
同研讨和讲解。
· 本书将以往的常规下法进行详细介绍，力图加
深对阿尔法围棋的理解。

围棋手筋宝典

（日）石田芳夫　著

马旭赫　译

书号：ISBN 978-7-5591-1468-6

定价：48.00元

· 本书收录了实战中常见的手筋形、手段形等共
668图。
· 依据棋子构成形状和主要部分所占路数区分主
要棋形。
· 各个棋形配有相应的相似图、参考图或次序
图。
· 参照图中配有类似棋形或双方对同一手筋的不
同下法，以供参考。

围棋实战名局妙手

（日）鹤山淳志　著

苏　胜　译

书号：ISBN 978-7-5591-1781-6

定价：48.00元

· 本书中以序盘和中盘为中心，选取了职业棋手
对局中比较精彩的38个片段，简化读者的打谱
时间。
· 每道题目都设置了ABC三个选项，对每一个选
项的实战变化做了深入分析，附录了问题图之
前的对局次序图。

书号：ISBN 978-7-5591-1369-6
定价：45.00元

书号：ISBN 978-7-5591-1825-7
定价：40.00元

书号：ISBN 978-7-5591-1376-4
定价：45.00元

书号：ISBN 978-7-5591-1826-4
定价：40.00元

书号：ISBN 978-7-5591-1377-1
定价：45.00元

书号：ISBN 978-7-5591-1827-1
定价：40.00元

林海峰围棋死活快速提高200题：基础力

（日）林海峰　著

马旭赫　译

出版日期：2022年2月

书　　　号：ISBN 978-7-5591-2422-7

定　　　价：50.00元

林海峰围棋死活快速提高200题：必杀力

（日）林海峰　著

母东让　胡丹蔚　译

出版日期：2022年2月

书　　　号：ISBN 978-7-5591-2421-0

定　　　价：50.00元

林海峰围棋死活快速提高200题：逆转力

（日）林海峰　著

苏甦　译

出版日期：2022年2月

书　　　号：ISBN 978-7-5591-2420-3

定　　　价：50.00元

本套图书《围棋进阶练习之棋形篇》（上、中、下三册）则主要侧重围棋局部的各种"间架结构"，以弥补市面上其他优秀作品所未能涵盖的部分。通过八章专题的讲解，力图让围棋爱好者进一步具备优秀的棋形感觉。在内容的结构上，每章分例题讲解和习题精练两部分，并留有综合练习部分以供围棋爱好者巩固。

围棋进阶练习之棋形篇（上）——基础棋形

沙　砾　编著

幅面尺寸：170mm×240mm

页　数：144

书　号：ISBN 978-7-5591-1375-7

定　价：28.00元

本册主要面向级位阶段的初级爱好者。

围棋进阶练习之棋形篇（中）——常见棋形

沙　砾　编著

幅面尺寸：170mm×240mm

页　数：160

书　号：ISBN 978-7-5591-1372-6

定　价：28.00元

本册主要面向业余低段阶段的中级爱好者。

围棋进阶练习之棋形篇（下）——实战棋形

沙　砾　编著

幅面尺寸：170mm×240mm

页　数：148

书　号：ISBN 978-7-5591-1371-9

定　价：28.00元

本册主要面向业余中高段的爱好者。